The Motley Fool

Der
RuleBreakers
Investmentratgeber

The Motley Fool

Der ——

RuleBreakers

Investmentratgeber

Die **1000%**-Chancen
von **Morgen** finden

FBV

Bibliografische Information der Deutschen Nationalbibliothek:
Die Deutsche Nationalbibliothek verzeichnet diese Publikation in der Deutschen
Nationalbibliografie; detaillierte bibliografische Daten sind im Internet über
http://d-nb.de abrufbar.

Für Fragen und Anregungen:
info@finanzbuchverlag.de

1. Auflage 2018

© 2018 by FinanzBuch Verlag,
ein Imprint der Münchner Verlagsgruppe GmbH
Nymphenburger Straße 86
D-80636 München
Tel.: 089 651285-0
Fax: 089 652096

Redaktion: Judith Engst
Korrektorat: Silvia Kinkel
Umschlaggestaltung: Maria Wittek
Umschlagabbildung: © The Motley Fool
Satz: Daniel Förster
Druck: CPI books GmbH, Leck
Printed in Germany

ISBN Print 978-3-95972-141-7
ISBN E-Book (PDF) 978-3-96092-258-2
ISBN E-Book (EPUB, Mobi) 978-3-96092-259-9

Weitere Informationen zum Verlag finden Sie unter:

www.finanzbuchverlag.de

Beachten Sie auch unsere weiteren Verlage unter www.m-vg.de

Inhalt

VORWORT

Warum noch ein Investmentratgeber

Nur 4,5 Millionen in Deutschland lebende Menschen investierten direkt in Aktien. Das sind nicht einmal 7 % aller Personen über 18 Jahre. Eine erschreckend niedrige Zahl, bedenkt man die Chancen, die die anderen 93 % verpassen.

Aktien eröffnen dir ungeahnte Möglichkeiten. Offensichtlich ist natürlich die Möglichkeit der Beteiligung an den aufregendsten Unternehmen der ganzen Welt. Durch den Kauf von Aktien dieser Unternehmen können du und ich mit geringen Summen und vernachlässigbaren Kosten an den künftigen Gewinnen dieser Unternehmen teilhaben.

Nicht ganz so offensichtlich ist, dass direkte Investitionen in Unternehmen – mittels Aktien – dir auch die Kontrolle über deine persönlichen Finanzen geben. Aktien-Investments bedeuteten Unabhängigkeit: Unabhängigkeit von windigen Finanzberatern, von Bankmitarbeitern, die mit Fachtermini nur so herumjonglierenden, und von den mageren Renditen der Fonds oder Lebensversicherungen. Ein Großteil der sogenannten Finanzprofis denkt nämlich nicht zuerst an deine persönlichen Finanzen, sondern an ihre eigene Brieftasche: an zu verdienende Provisionen und anstehende Bonus-Zahlungen.

Du bist noch immer nicht überzeugt, endlich in die besten Unternehmen der Welt zu investieren? Dann ist für dich vielleicht dies das schlagende Argument: Investieren macht Spaß! Zumindest dann, wenn man mit *The Motley Fool*, dem kunterbunten Narren, investiert.

Für viele ist das Börsenparkett einfach nur ein großes Kasino, in dem blinkende Charts gehandelt werden und große Börsenhaie kleine Privatanleger zum Frühstück verspeisen. Trotz der ausgeprägten Skepsis gegenüber Aktien gibt es auch im deutschsprachigen Raum unzählige Bücher über den Aktienmarkt. Meist mit Tipps und Tricks, die angeblich zum schnellen Aktien-Reichtum führen. Zu einer deutlichen Steigerung der allgemeinen Beliebtheit von Aktien-Investitionen hat aber keines dieser Bücher geführt.

Welchen Mehrwert bietet also ein weiterer Ratgeber dieser Kategorie? Noch dazu einer mit dem reißerischen Untertitel über Tausendprozenter-Aktien, die eigentlich gar nicht existieren, die mit diesem Ratgeber aber dennoch gefunden werden können? Und warum glauben wir, die Skepsis gegenüber Aktieninvestitionen mit diesem Buch erfolgreich bekämpfen zu können?

Die Antwort auf diese Fragen ist einfach. David Gardner, Mitgründer von *The Motley Fool*, schlägt mit dem von ihm entwickelten *Rule Breakers* Investmentansatz seit 2004 den Vergleichsindex um Längen. Dabei hat er bereits einige Aktien identifiziert, die seit erstmaliger Empfehlung um mehr als 1.000 % gestiegen sind.

- Amazon: + 9.688,40 % (empfohlen am 06.09.2002)
- Intuitive Surgical: + 2.956,20 % (empfohlen 16.03.2005)
- MercadoLibre: + 2.158,40 % (empfohlen 18.02.2009)
- Netflix: + 17.314, 10 % (empfohlen 17.12.2004)
- Baidu: + 2.634,60 % (empfohlen 18.10.2006)

Die Unternehmen haben eines gemeinsam: Sie haben bestehende Regeln gebrochen. Daher auch der Name *Rule Breakers* Investmentansatz, weil bei diesem Ansatz nach Regelbrechern (*Rule Breakers*) gesucht wird.

Die obige Liste ist wirklich nur eine kleine Auswahl aus allen erfolgreichen Empfehlungen. Stand heute haben die *Rule Breakers* Empfehlungen den Vergleichsindex (den S&P 500, in dem die 500 größten, an amerikanischen Börsen gelisteten Unternehmen vertreten sind) deutlich geschlagen. Während der Index nur um 65,10 % zulegen konnte, schaffte David mit seinen Empfehlungen eine durchschnittliche Performance von 137,70 %.

Das Beste an diesem Ratgeber ist nun: Er vermittelt dir alle notwendigen Kenntnisse, um den *Rule Breakers* Investmentansatz selbstständig anzuwenden. Leicht verständlich, in acht einzelne Lektionen unterteilt und unterhaltsam geschrieben.

Vielleicht fragst du dich, wieso wir diesen bahnbrechenden Ansatz einfach so veröffentlichen. Nun ja, die Mission von *The Motley Fool* besteht darin, der ganzen Welt zu helfen, besser zu investieren und die weltweit beste Investment-Gemeinschaft zu erschaffen. Dieser Ratgeber hier ist ein kleiner, aber sehr feiner Beitrag dazu.

In den ersten beiden Kapiteln erfährst du mehr darüber, was hinter *The Motley Fool* steckt, warum wir uns *Fools* (Narren) nennen. Auch über die Geschichte und Entwicklung des *Rule Breakers* Investmentansatzes wirst du einiges lesen.

Bevor es dann endlich mit den acht Lektionen des *Rule Breakers* Investmentansatzes losgeht, wollen wir dir weder die Risiken von Aktieninvestitionen im Allgemeinen noch die Risiken des *Rule Breakers* Ansatzes im Speziellen verschweigen. Auch das ist Teil unserer Philosophie: Wir sind offen und ehrlich.

Danach geht es dann ohne Umwege an die acht Lektionen des *Rule Breakers* Ansatzes. Diese sind:

- **Lektion 1:** So findest du bedeutsame und aufstrebende Industrien.

- **Lektion 2:** So findest du die Platzhirsche und Pioniere in diesen Industrien und erkennst diejenigen darunter, die das gewisse Etwas haben.

- **Lektion 3:** So erkennst du, ob diese Unternehmen, nachhaltige Wettbewerbsvorteile gegenüber der Konkurrenz besitzen.

- **Lektion 4:** So erkennst du ein großartiges Management und lernst, warum smarte Kapitalgeber ebenfalls sehr wichtig sind.

- **Lektion 5:** Hier lernst du, warum Unternehmen, die eine hohe Attraktivität für Konsumenten haben, oftmals viel erfolgreicher sind, und wie du dies erkennst.

- **Lektion 6:** Hier lernst du, warum angeblich überbewertete Unternehmen oft die attraktivsten Renditen versprechen und warum du auch bei verpassten Kurssteigerungen oft noch nicht zu spät dran bist.

- **Lektion 7:** So kannst du das Kurspotenzial einer Aktie abschätzen und lernst, warum du wie ein Risikokapitalgeber investieren solltest.

- **Lektion 8:** So erkennst du, wann es besser ist, eine Aktie zu verkaufen, zu halten oder sogar nachzukaufen.

Um dir die Möglichkeiten zu geben, deine eigenen Erfahrungen mit diesem Ansatz zu machen, gibt es am Ende jeder Lektion eine Herausforderung. Diese musst du natürlich nicht zwingend bewältigen, sie hilft dir aber sicherlich dabei, das Gelesene später erfolgreich in der Praxis anzuwenden.

Nun aber genug der warmen Worte. Ab jetzt beginnt der Spaß mit dem *Rule Breakers* Investmentratgeber. Viel Erfolg bei den anstehenden Herausforderungen und dem Aufspüren der nächsten Tausendprozenter da draußen.

WER ODER WAS IST THE MOTLEY FOOL

Unsere Mission: Wir helfen der Welt, besser zu investieren

Unsere Geschichte

The Motley Fool wurde 1993 von den Brüdern David und Tom Gardner gegründet und ist ein Multimedia-Unternehmen für Finanzdienstleistungen. Das Ziel von *The Motley Fool* ist, die beste Investment-Community der Welt zu schaffen.

The Motley Fool? Der kunterbunte Narr? Das hört sich erstmal ziemlich seltsam an. Aber natürlich gibt es auch einen Grund für diesen außergewöhnlichen, aber doch sehr passenden Firmennamen.

Der Name, *The Motley Fool*, ist eine Hommage an die Figur von William Shakespeare – es geht um den Hofnarren –, der dem König und der Königin die Wahrheit sagen konnte, ohne gleich geköpft zu werden. (»Ein Narr! Ein Narr! – Ich traf 'nen Narr'n im Walde, 'nen scheck'gen Narr'n«, ruft Jacques in der siebten Szene des zweiten Aktes in »Wie es Euch gefällt«.)

Die Narren (*Fools*) von einst waren nicht einfach nur Komödianten mit Narrenkappen und Glöckchen dran; sie unterhielten den Hof mit Humor, der auf der einen Seite natürlich erheiterte, auf der anderen Seite aber zugleich auch lehrreich war.

Noch wichtiger: Der *Fool* hatte nie Angst davor, althergebrachtes Wissen in Frage zu stellen. Insbesondere dann nicht, wenn die allgemeine Denkweise schädlich für das Volk des Königreichs war.

Unsere Internetseiten in den Vereinigten Staaten (www. fool.com), Kanada (www.fool.ca), Australien (www.fool. com.au), Großbritannien (www.fool.com.uk), Singapur (www.fool.com.su) und auch in Deutschland (www.fool. de) bieten zahlreiche Premium-Dienste als Abonnement, maßgeschneidert auf die verschiedenen Strategien und unterschiedlichen Erfahrungsniveaus einzelner Investoren.

Daneben bietet jedes Land auch eine frei zugängliche Website an. Diese preisgekrönten Internetseiten veröffentlichen jede Woche hunderte Artikel über Unternehmen, Branchen, persönliche Finanzfragen und den Aktienmarkt. Egal ob es sich um die Analyse der Gewinn- und

Verlustrechnung des letzten Quartals handelt oder ob es darum geht, den Investoren beim Auffinden der nächsten gewinnbringenden Investition zu helfen: Die preisgekrönten Webseiten von *The Motley Fool* sind ein kleiner Beitrag dazu, der Welt zu besseren Investments zu verhelfen und die Skepsis gegenüber Aktien zu bekämpfen.

Hier einige Meinungen über *The Motley Fool* aus amerikanischen Zeitungen:

- »Solide Informationen und Ratschläge für private Investoren« – THE WASHINGTON POST
- »Sogar Milliardäre erhalten Ideen von *The Motley Fool*« – TIME
- »*The Motley Fool* sticht als ethische Oase aus einem Bereich hervor, der sehr schnell zu einem Ort von Scharlatanen wurde« – THE ECONOMIST
- »Witzig, clever, zynisch, eigensinnig« – FORTUNE
- »Es ist immer ein großartiger Platz für Einsteiger, um ihre Investitions-Hörner abzustoßen, es bietet aber auch genügend Dinge, um erfahrene Investoren zu befriedigen« – BARRON'S

The Motley Fool erreicht durch seine Webseiten, Bücher, Zeitungskolumnen, Fernsehbeiträge und Newsletters weltweit jeden Monat Millionen Menschen. *The Motley Fool* ist Verfechter des Shareholder Value und setzt sich unermüdlich für den individuellen Anleger ein. Dabei vergessen wir allerdings niemals unsere Grundwerte:

Sei *Foolish*!
- **Gemeinschaftlich** – Mach großartige Dinge gemeinsam.
- **Innovativ** – Such nach einer besseren Lösung. Dann mach sie noch besser!
- **Spaß** – Lass dich von deiner Arbeit begeistern.
- **Aufrichtigkeit** – Mach uns stolz.
- **Wetteifernd** – Spiel fair; spiel hart; spiel, um zu gewinnen.
- **Motley** – Mach dir *Foolishness* zu eigen.

Was zum Kuckuck ist ein *Fool*?

Wir haben schon öfter Feedback bekommen, warum wir denn einen derart unglücklichen Namen gewählt haben. Immerhin lässt sich *Fool* auch mit dem deutschen Dummkopf übersetzen.

Da haben wir uns aber auch wirklich dumm angestellt, oder?

Naja, wir sind einfach ein spaßiges Volk. So spaßig sogar, dass wir sehr stolz darauf sind, wenn uns jemand als einen echten *Fool* bezeichnet – wir sehen das als das größte Kompliment an, das man uns machen kann.

Zu allererst ist ein *Fool* (wichtig: mit groß geschriebenem »F«) ein Investor. Aber nicht irgendein Investor, sondern ein weit vorausblickender, langfristig denkender, unternehmensorientierter Investor. Wir investieren in die besten

Unternehmen der Welt mit dem besten Management – und all das zu fairen oder vorzugsweise günstigen Preisen. Kommt dir das bekannt vor? Das kann gut sein, denn die besten Investoren der Welt – wie Warren Buffett, Philip Fisher oder Peter Lynch – haben ihre Erfolge mit genau diesem Ansatz erzielt. Und in der Tat muss sich ein *Fool* nicht vor diesen Investoren verstecken – dazu später aber noch etwas mehr.

Das Schöne an all dem ist, dass David und sein Bruder Tom noch lange nicht am Ende sind und dass wir ihre »*Foolishe*« Investment-Philosophie und jetzt auch den von David entwickelten *Rule Breakers* Investmentansatz nach Deutschland bringen.

Aber sind wir nicht ganz bei Trost, uns deswegen *Fools* zu nennen?

Gut, sind wir tatsächlich nicht immer. Aber darauf kommt es nicht an. Den Ausdruck *Motley Fool* haben wir wie gesagt aus den Dramen des berühmten Dichters William Shakespeare geliehen.

Ins Deutsche übersetzt bedeutet das so viel wie »kunterbunter Narr«. »Narr« ist hier im Sinne von »Hofnarr« zu verstehen. Wir erinnern uns: In der guten alten Zeit war der Hofnarr der Einzige in der Umgebung des Königs, der die Wahrheit sagen konnte, ohne dafür geköpft zu werden. Dabei verkündete der Narr seine Botschaft stets in humorvoller Form. Der Finanz(rummel)platz Deutschland erscheint uns wie der Hof von König Mammon. Weise und mächtige Menschen treiben ernste Geschäfte am Finanzhof und erklären uns, dass wir Normalsterblichen ihr Tagewerk nicht verstehen. Braucht der Königshof nicht vielleicht ein paar Hofnarren, die alles nicht so bierernst nehmen und diesen Herrschaften auf humorvolle Art und Weise die Leviten lesen? Die Antwort auf diese Frage lautet natürlich: Ja!

Und das machen wir. Wir sind die Narren am Hof der Finanzen ... Und warum sind wir »Motley«, also kunterbunt?

Naja, wir sind einfach ein kunterbunter Haufen, mit unterschiedlichen Stärken und Schwächen, vor allem aber unterschiedlichen Meinungen. Bei uns hat niemand die Weisheit mit Löffeln gefressen, weswegen wir stets offen für die unterschiedlichsten Ansichten sind. Ein *Fool* kann der Meinung sein, dass die Aktie ABC die beste Investition aller Zeiten darstellt, während ein anderer *Fool* diese Aktie niemals anfassen würde. Wir akzeptieren beide Meinungen, weil wir wissen, dass man niemals zu 100 % richtigliegen kann. Was zählt, sind die Argumente.

Wenn du fortan also etwas von *Fools* oder »*Foolishem*« Investieren liest, dann weißt du, worum es geht. Wir nehmen kein Blatt vor den Mund und sagen in einfacher und unterhaltsamer Sprache, was wirklich Sache ist. Bei allem, was wir tun, begründen wir unsere Meinungen und haben einen unkonventionellen Ansatz.

So haben wir seit 1993 Millionen von Anlegern auf der Welt geholfen, besser zu investieren. Und jetzt bringen wir mit diesem Buch den erfolgreichen *Rule Breakers* Investmentansatz, von David Gardner persönlich entwickelt, in den deutschsprachigen Raum.

DER RULE BREAKERS INVESTMENTANSATZ

Die Tausendprozenter, die eigentlich gar nicht existieren dürften

Der Chef *Rule Breaker*

Die erste Empfehlung des amerikanischen Informationsdienstes *Rule Breakers* Service wurde im September 2004 veröffentlicht – das ist nun rund 14 Jahre her!

David Gardner, Mitgründer von *The Motley Fool* und ein Experte für Wachstums-Investitionen, hat die Philosophie und einen Ansatz für *Rule Breakers* entwickelt. Heute bekleidet er immer noch die Position des Chef-Anlageberaters (oder »Chef *Rule Breaker*«, wie er es gerne nennt) des *Rule Breakers* Service in den USA.

Abgesehen von der Auswahl der marktschlagenden Aktien bei *Rule Breakers*, agiert David als treibende intellektuelle Kraft hinter dem Informationsdienst, indem er die größten und vielversprechendsten wirtschaftlichen und ökonomischen Trends identifiziert. Genau jene Trends, die die Welt verändern können und dabei hocherfolgreiche Firmen und Aktien hervorbringen.

David ist auch Co-Autor bei einer Reihe von Büchern. Unter anderem *The Motley Fool Investment Guide* und *Rule Breakers, Rule Makers*. Außerdem ist er der Kopf hinter *Motley Fool CAPS*, einer Software, die auf Basis der Mitglieder einer Anleger-Community Aktien mit einem Rating versieht. Warren Buffett und Peter Lynch gelten bei vielen *Fools* zu Recht als große Vorbilder, immerhin haben beide den Markt zuverlässig und über einen sehr langen Zeitraum deutlich geschlagen. Aber auch die Performance von David Gardner ist durchaus beachtlich.

Die *Rule Breakers* Empfehlungen konnten seit Bestehen des Dienstes im Durchschnitt eine Rendite von 137,70 % erzielen. Der Vergleichsindex S&P 500 hat im Vergleich dazu nur 65,10 %. Das ist eine ziemlich beeindruckende Entwicklung nicht wahr? Noch beeindruckender wird es, wenn man sich die zeitgewichtete Rendite im Vergleich zum S&P 500 ansieht, wie in Abbildung 1 dargestellt.

Aber wie schafft es David Gardner in dieser Regelmäßigkeit, mit seinen Empfehlungen den Markt so deutlich zu schlagen?

Die Antwort könnte dich überraschen.

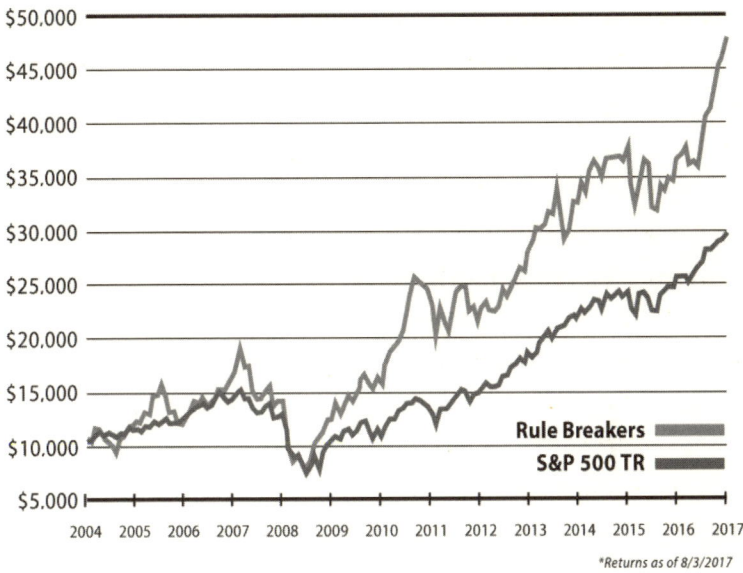

Abbildung 1: *Rule Breakers* Empfehlungen im Vergleich zum S&P 500

Das Geheimnis des Erfolgs

Um es kurz zu machen: David Gardner ist ein sehr erfahrener Investor und hat ein fast schon unheimliches Gespür für Trends, die die Zukunft prägen werden.

Amazon – Davids erfolgreichste Empfehlung – ist hier eines der offensichtlichsten Beispiele für den Erfolg des Investment-Ansatzes von David Gardner. Ein weiteres Paradebeispiel dafür ist aber auch Marvel. Marvel wurde übrigens von Disney aufgekauft und existiert heute nicht mehr als eigenständiges Unternehmen.

Vor der Jahrtausendwende ging es bei Marvel einzig um Comics. Papier-Comics, die du in einem Comic-Shop kaufen konntest.

Heute steht Marvel bei den meisten Menschen für etwas anderes. Klar wissen viele Leute noch, dass die Marvel-Superhelden und -Superheldinnen ursprünglich aus Comic-Büchern stammen. Aber wenn sie an Marvel-Helden denken, dann meistens in Form von Big-Budget-Filmen und hochwertig produzierten TV-Serien. Mit dem Wandel von Comic-Büchern zu Filmen und TV-Spielfilmen hat Marvel sich eine goldene Nase verdient – und später Disney, nachdem das Unternehmen Marvel erworben hatte.

Anleger, die David Gardners Empfehlungen gefolgt sind, haben mit diesem Wert seit der Empfehlung im Jahr 2002 ebenfalls eine Menge Geld verdient. Im Jahr 2002 hatte Marvel gerade den ersten *Spiderman*-Film herausgebracht. Es war der erste von vier Filmen, die Marvel im vergangenen Jahrzehnt veröffentlichte. Der Film lief sehr erfolgreich – er wurde für zwei Oscars nominiert und spielte weltweit rund 822 Millionen US-Dollar ein.

Aber David war der Überzeugung, dass dies nur der Anfang für Marvel und seine umfangreiche Liste von Helden war. Und er sollte recht behalten. Und wie recht er hatte!

Seitdem hat das Unternehmen *The Avengers* (weltweit Brutto: 1,5 Milliarden US-Dollar), *Spiderman 2* (784 Millionen US-Dollar), *Spiderman 3* (891 Millionen US-Dollar) und *Iron Man 3* (1,2 Milliarden US-Dollar) herausgebracht. Und dazu noch viele andere Filme. Allein im Jahr 2015 und

2016 produzierte das Studio *Age of Ultron, Ant-Man, Fantastic Four, Deadpool, Captain America: Civil War, X-Men Apocalypse* und *Doctor Strange*.

Zudem sind das nur die Filme.

Investoren, die Davids ursprünglicher Empfehlung von Marvel gefolgt sind und nach der Übernahme an Disney festhielten, konnten sich über einen Gewinn von + 5.898 % freuen.

Aber das sind nicht die einzigen Aktien, die seit der allerersten Empfehlung von David Gardner um mehr als 1.000 % im Wert gestiegen sind. Es gibt noch eine Vielzahl weiterer Beispiele.

- Amazon: + 9.688, 40 % (empfohlen am 06.09.2002)
- Netflix: + 17.314, 10 % (empfohlen 17.12.2004)
- NetEase: + 2.110, 30 % (empfohlen 15.12.2004)
- Priceline (heute Booking.com): + 8.775 % (empfohlen 21.05.2004)

Mit diesen Aktien konnten Investoren in nur zehn Jahren ein unglaubliches Geld verdienen. Zum Beispiel hat sich eine Investition in Höhe von 10.000 Euro in Amazon in 968.840 Euro verwandelt. Aus 20.000 Euro Investition in Netflix sind 3.462.820 Euro geworden. Und 30.000 Euro, in Priceline investiert, hätten dich ebenfalls zum Millionär gemacht.

Einige Menschen werden dir sagen, dass solche unglaublichen Renditen nicht möglich sind. Und doch haben

Investoren bereits Hunderttausende und sogar viele Millionen Euro damit verdient. Glaubt man an effiziente Märkte, dann sollten solche Aktien tatsächlich gar nicht existieren. Die Möglichkeit, mit einer Aktie Hunderte oder Tausende Prozentpunkte Gewinn zu erzielen, sollte es eigentlich gar nicht geben. Die Theorie von den effizienten Märkten hätte uns glauben lassen, dass sämtliche Nachrichten, das gesamte Wissen und alle Erwartungen bereits im Aktienkurs enthalten sind. Deshalb seien angeblich alle aktuellen Aktienkurse »faire Kurse«. Erwähne einmal eine Aktie wie Netflix und den Kursanstieg um 17.314,10 %, und Verfechter der Effizienzmarkt-Theorie werden alle möglichen Verrenkungen unternehmen, um zu beweisen, dass es sich hierbei um einen Zufallstreffer handelt. Oder, dass es viel zu unvorhersehbar war, oder ..., oder ...

Und während ihr Hirn raucht und sie versuchen zu erklären, warum solche 1.000-%-Aktien praktisch nicht vorkommen, hat der Investor, der 40.000 Euro in Netflix investiert hat, nun einen Kontostand von 6,9 Millionen Euro.

Wir bei *The Motley Fool* glauben nicht daran, dass die Märkte immer effizient sind. Einer der Gründe dafür ist, dass Spekulanten und Investoren die langfristigen Potenziale von *Rule Breakers* Unternehmen unterschätzen oder ihr Zeithorizont einfach zu kurz ist, um das komplette Potenzial eines *Rule Breakers* bei der Festlegung des »fairen Kurses« zu berücksichtigen.

Der *Rule Breakers* Investmentansatz zielt genau darauf ab. Er zielt darauf ab, Unternehmen zu finden, die die Welt, in der wir leben, verändern könnten und deren Aktienkurse das Potenzial haben, den Investoren sagenhafte Gewinne zu bescheren.

Den Beweis, dass wir das mit dem *Rule Breakers* Investmentansatz schaffen, treten wir seit vielen Jahren an. Die vielen Tausendprozenter und die durchschnittliche Performance aller *Rule Breakers* Empfehlungen bezeugen das schwarz auf weiß.

Das Faszinierende daran ist: Der *Rule Breakers* Investmentansatz ist alles andere als schwer zu verstehen. Natürlich erfordert es einiges an Erfahrung, diesen Ansatz erfolgreich anzuwenden. Die Grundlagen sind aber sehr einfach.

Man benötigt dafür keinen Doktortitel in Mathematik oder Finanzwissenschaften. Der gesunde Menschenverstand, ein gewisses Interesse an Wirtschaft und ein Verständnis für die kommenden Trends helfen dir viel eher. Am wichtigsten sind aber die sechs Kriterien, mit denen David Gardner die *Rule Breakers* Unternehmen identifiziert.

Im Überblick: die 6 Kriterien, um Tausendprozenter zu finden

Keine Angst, wir wollen uns in diesem Buch nicht nur mit den zugegebenermaßen faszinierenden, aber dennoch vergangenen Kursgewinnen brüsten. Ab hier geht es nun um die Zukunft. Denn offensichtlich sind die Tausendprozenter der Vergangenheit weitaus weniger interessant als die der Zukunft: Aktien, die wir heute kaufen können, um damit künftig riesige Gewinne zu erzielen. Genauso wie bei den oben genannten Tausendprozentern, bei denen uns dies bereits gelungen ist.

Und natürlich kannst auch du solche Aktien finden. Es ist aber nicht immer leicht. Es bedeutet Arbeit und bedarf auch einer gewissen Kunstfertigkeit. Und du musst wissen, wie du sie aufspüren kannst.

Zum Glück hat David Gardner im Laufe seiner Tätigkeit eine Reihe von Richtlinien für die Identifizierung von *Rule Breakers* Aktien entwickelt, die das Potenzial für Kurssteigerungen von 1.000 % und mehr haben. Diese Kriterien helfen ihm, den Analysten von *The Motley Fool* und ab sofort auch dir dabei, die Aktien zu identifizieren, die künftig ähnlich hohe Renditen versprechen. Sie können dir helfen, den Nein-Sagern und Dauer-Pessimisten Paroli zu bieten und dein Vermögen mit den richtigen Investments zu vervielfachen, um finanzielle Unabhängigkeit zu erlangen.

Hier sind die sechs Kriterien:

1. Das Unternehmen ist in einer *wachsenden und wichtigen Industrie* tätig.
2. Das Unternehmen ist der *Pionier und Platzhirsch* mit dem gewissen Etwas in dieser Branche.
3. Das Unternehmen wird von einem *visionären Management* geführt.

4. Die Produkte und Dienstleistungen des Unternehmens haben eine *hohe Attraktivität für Konsumenten*.
5. Der Erfolg des Unternehmens beruht auf *nachhaltigen Wettbewerbsvorteilen*.
6. Die Aktien des Unternehmens werden von Finanzjournalisten als *überbewertet* bezeichnet.

Zwar müssen nicht alle Kriterien zutreffen, damit eine Firma eine *Rule Breakers* Aktie ist – aber je mehr dieser Vorgaben erfüllt sind, desto besser. Einige *Rule Breakers* sind sehr stark bei einem der Kriterien. Eine solche Stärke kann Schwächen bei einem anderen Kriterium sehr wohl ausgleichen.

Schauen wir als Beispiel noch einmal auf Marvel und Disney. Hier können wir sofort sehen, dass viele von diesen Faktoren gleichzeitig zutrafen. Dazu gehören zum Beispiel:

- Kriterium 2: Das Unternehmen war nicht nur ein »Pionier« im Trend Superhelden-Filme – es kreierte diesen Trend sogar!
- Kriterium 4: Große Beliebtheit bei den Konsumenten ist eine maßlose Untertreibung, wenn es um Superhelden wie Spiderman und Iron Man geht.
- Kriterium 6: Im Jahr 2002 wurde die Aktie bei einem durchschnittlichen KGV von mehr als 49 gehandelt, sodass es sehr wahrscheinlich ist, dass viele finanzielle Kommentatoren sich darüber ausließen, dass die Aktie hoffnungslos »überbewertet« sei.

Warum diese Kriterien so gut funktionieren

Auffällig ist sicherlich, dass keines der Kriterien in Zahlen gemessen werden kann. Es geht vielmehr um die qualitative Beurteilung des Unternehmens. Der *Rule Breakers* Investmentansatz hat also viel weniger mit Raketenwissenschaften zu tun als vielmehr mit einer gewissen Form von Kunst. Es geht um die Kunst, aufstrebende und wichtige Industrien zu entdecken, kluges Management von unklugem Management zu unterscheiden, die Beliebtheit der Produkte und Dienstleistungen bei der breiten Masse abzuschätzen und darin nachhaltige Wettbewerbsvorteile zu entdecken.

Lediglich das sechste Kriterium hat indirekt etwas mit dem Aktienkurs des Unternehmens zu tun. Es weist dabei aber eine komplett andere Perspektive auf als konventionelle Beurteilungen im Hinblick auf den Aktienkurs. Meist wird dort der Aktienkurs in Relation zum Gewinn oder Buchwert eines Unternehmens betrachtet. Der *Rule Breakers* Investmentansatz zielt hingegen darauf ab, Unternehmen zu finden, deren Aktienkurse bereits so stark gestiegen sind, dass sie nach traditionellen Bewertungsmaßstäben als überteuert gelten.

Natürlich sind diese beiden Kriterien nur dann sinnvoll, wenn das Unternehmen bei den anderen fünf Kriterien gut abschneidet. Denn dann stehen die Chancen für weitere Kursgewinne sehr gut. Das klingt zunächst ziemlich unlogisch.

Insbesondere Value-Investoren, die den Wert einer Aktie beispielsweise streng an Kurs-Gewinn-Verhältnissen festmachen und sich sehr stark an den finanziellen Kennzahlen eines Unternehmens orientieren, haben mit dem *Rule Breakers* Investmentansatz sicherlich Schwierigkeiten. Sie hätten aber wohl auch die allermeisten der oben beschriebenen Tausendprozenter niemals angefasst.

In unseren Augen schließen sich Value-Investieren und der *Rule Breakers* Investmentansatz aber keinesfalls aus. Schauen wir uns dazu einmal an, was Warren Buffetts rechte Hand Charlie Munger einmal über das Value-Investieren gesagt hat:

»Jedes intelligente Investieren ist Value Investing – erhalte mehr, als du bezahlst. Du musst das Unternehmen bewerten, um die Aktie bewerten zu können.«

Was David Gardner tut, wird von vielen Investoren nicht als »Value Investing« eingestuft. Aber am Ende ist es genau das. Er findet Unternehmen, die er zu einem niedrigeren Preis kaufen kann, als sie wirklich wert sind. Sicher, Marvel hätte bei einem KGV von 49 vielleicht nicht wie eine »Value Investition« *ausgesehen*. Aber jetzt, da wir zurückblicken, + 5.259,70 % später ist klar, dass ein KGV von 49 für Marvel nicht angemessen war ... es war *viel zu niedrig*. Der entscheidende Ansatz bestand darin, sich nicht nur auf das KGV zu konzentrieren, sondern auf den Wert des Geschäfts.

Wenn man also bedenkt, was David so erfolgreich macht, dann kann man das unterschiedlich betrachten. Falls du es in eine nette Strategie-Schublade packen willst, würdest du es wohl »Investition in Wachstumswerte« nennen. Aber was David wirklich erfolgreich macht, ist zu tun, was fast jeder andere erfolgreiche Investor im Laufe der Geschichte getan hat: Er empfiehlt Investitionen, die viel mehr wert sind als der aktuelle Kaufpreis. So einfach ist das.

Davids Trick? Er schaut auf die spannenden, weltverändernden Unternehmen, von denen sogenannte »Value Investoren« die Finger lassen (die damit für uns billiger zu erwerben sind!).

Nicht, dass David nicht auch einmal einen »Vollflop« erwischt hätte. Tatsächlich spricht er *gern* über seine Missgriffe. Du wirst feststellen, dass die intellektuelle Ehrlichkeit ein Markenzeichen des »Foolishen« Investierens ist. Wenn wir in Bezug auf unsere Investition nicht schonungslos ehrlich mit uns sind, ist es unmöglich, aus Fehlern zu lernen!

Daher wollen wir gar nicht behaupten, dass die Geschichte von *Rule Breakers* in den USA sich ausschließlich um Aktien dreht, die gestiegen sind. Es gab mehr als nur ein paar Unternehmen, die sich nicht so entwickelt haben wie erwartet, und der Aktienkurs hat diese Entwicklung abgebildet.

Daher erscheint es angebracht, die Risiken zu verstehen, bevor wir uns noch intensiver mit den sechs Kriterien beschäftigen.

DIE RISIKEN VERSTEHEN UND BEWERTEN

Kognitive Verzerrung, Diversifikation, langfristiger Zeithorizont und »asymmetrische Gewinne«

Die Risiken und Chancen von Aktien im Allgemeinen

Liest man Finanzpublikationen und Tageszeitungen, könnte man jederzeit zu dem Schluss kommen: Derzeit ist es gefährlich, Investor zu sein.

Oh ja, meine Freunde, sehr gefährlich sogar! Aber nicht aus den Gründen, die alle vielleicht annehmen ... Fangen wir mit einer einfachen Übung an, damit ihr seht, was ich damit meine.

Welche der folgenden Entscheidungen, glaubt ihr, ist gefährlicher?

- **ENTSCHEIDUNG Nr. 1:** Ein Auto mit abgefahrenen Reifen zu fahren.
- **ENTSCHEIDUNG Nr. 2:** Mit Nepal Airlines durch den Himalaya zu fliegen.

Ich möchte euch bitten, mit eurer Antwort noch etwas zu warten, während wir zuvor eine andere Frage besprechen. Welche der folgenden Entscheidungen ist gefährlicher?

- **ENTSCHEIDUNG Nr. 3:** Sich ungesund zu ernähren und viel Zucker und gesättigte Fette zu essen.
- **ENTSCHEIDUNG Nr. 4:** Die Haustür nicht abzuschließen und zu riskieren, von einem bewaffneten Einbrecher getötet zu werden.

Wenn wir die Wahrscheinlichkeiten abwägen, dann ist Entscheidung Nr. 1 etwa 17,2 Mal gefährlicher als Entscheidung Nr. 2! Was steckt dahinter? Fahren mit abgenutzten Reifen ist 10,8 Mal gefährlicher als mit normalen Reifen. Ein Flug mit Air Nepal ist 45,1 Mal gefährlicher als ein normaler Flug Nepal Airlines wurde erst kürzlich zur schlechtesten Fluggesellschaft der Welt gewählt. Trotzdem ist normales Fahren, bezogen auf den zurückgelegten Kilometer, 72 Mal gefährlicher als normales Fliegen. (Rechenweg: $10,8/45,1 \times 72 = 17,2$)

Und genauso ist Entscheidung Nr. 3 rund 1.692 Mal gefährlicher als Entscheidung Nr. 4. Das liegt daran, dass die Gesamtzahl aller Todesfälle aufgrund eines Herzinfarkts in Deutschland bei etwa 103.000 pro Jahr liegt, die Gesamtzahl aller Morde durch Schusswaffen aber nur bei 61 pro Jahr. Es sind natürlich nicht alle tödlichen Herzinfarkte auf schlechte Ernährungsgewohnheiten zurückzuführen. Aber es werden auch nur eine Handvoll Menschen bei bewaffneten Einbrüchen und Überfällen sterben. Nehmen wir mal an, dass die Verhältnisse hier gleich wären. (Rechenweg: 103.000/61 = 1.692)

Jetzt, da ich dich vermutlich ordentlich erschreckt habe – und du kannst darauf wetten, dass ich neue Reifen kaufe und die ganze Woche lang nur Gemüse esse – fassen wir zusammen, was die gerade aufgeführten Beispiele aufzeigen: Am gefährlichsten ist es, vor den FALSCHEN Dingen Angst zu haben. Anders ausgedrückt, spielt uns unser Gehirn einen Streich.

Es kommt viel häufiger vor, dass wir vor exotischen Gefahren Angst haben, und viel weniger häufig, dass wir uns der täglichen Gefahren um uns herum bewusst sind. Beim Investieren ist das genauso. Wenn eure kognitiven Tendenzen etwas verzerrt sind, dann machen die »Finanznachrichten« diese Verzerrung oft sogar noch schlimmer, weil sie sich auf die schmutzigsten Schlagzeilen konzentrieren.

Das macht es natürlich leicht, sich die finanzielle Apokalypse vorzustellen, die Billionen von Euro vernichten wird. Und hinter jeder Ecke lauert der potenzielle Auslöser:

- Wird es Vladimir Putin sein? Oder Donald Trump?
- Der Zusammenbruch der Eurozone?
- Eine massive Rezession in China?
- Eine von der Federal Reserve verursachte Inflationsspirale?

Aber was hat das Ganze mit dem Investieren zu tun? Ziemlich viel!

Es ist verdammt einfach, sich die dramatischsten Bedrohungen vorzustellen oder gleich neue zu erfinden. Aber es gibt auch Dinge, die für die meisten Investoren viel schwerer vorstellbar sind: die eigene finanzielle Sicherheit und Lebensqualität langsam im Laufe von Jahrzehnten zu verlieren, einen Cent nach dem anderen. Das ist keine exotische Gefahr wie die anderen. Dieses Szenario ist viel wahrscheinlicher. Und viel alltäglicher. Die Wahrheit ist, dass eure Mitbürger sich dazu entschlossen haben, sich selbst jeden Tag auf diese Weise zu gefährden. Indem sie »sicher« handeln und die Börse meiden! (Diese vermeintlich so gefährliche Börse hat übrigens in jeder 15-jährigen Periode seit 1964 positive Renditen gebracht hat – in unserem Beispiel basierend auf den DAX. Mit Zinseszins wären jede 1.000 damals investierte Mark heute fast 34.000 DM bzw. fast 17.400 Euro wert.) Im Moment stecken viele Anleger ihr Geld in Anleihen, die NEGATIVE Renditen abwerfen. Das ist leider wahr. Und wegen der anhaltenden, völlig verrückten Niedrig- bzw. Nullzinsphase sind die Lebensversicherungspolicen derzeit kaum besser.

Um das abstrakte, aber einfach vorstellbare Risiko eines Kapitalverlusts an der Börse zu vermeiden, gehen viele jährlich ein sehr reales und großes Risiko ein, durch renditearme Geldanlage am Ende ihres Arbeitslebens keinerlei finanzielle Unabhängigkeit vorweisen zu können. Eine Studie des *American Center for Economic and Policy Research* fand heraus, dass 47 % der Deutschen finanzielle Analphabeten sind. Selbst der scheinbar vernünftige Akt, sein schwer verdientes Geld in ein Sparkonto einzuzahlen, kann drastische Konsequenzen haben, wenn man bedenkt, welche Auswirkungen Einkommensausfälle im Ruhestand haben können. Unglücklicherweise wird das wohl immer mehr Rentnern passieren. Vor ein paar Monaten stolperte ich über einen Foto-Essay im Magazin *Der Spiegel*, in dem Berliner Rentner Mülleimer nach Flaschen durchsuchten. Ich war schockiert. Diese Leute bekommen einen »Profit« von bis zu 25 Cent für jede Flasche, wenn sie diese zwecks Recycling zum nächsten Supermarkt bringen.

Das öffnete mir die Augen, und auf einmal sah ich es überall. Ich hatte bis dahin gedacht, das würden nur Obdachlose machen. Erst neulich brachte der *Münchner Merkur* eine sogar noch drastischere Geschichte. Laut Statistiken des Polizeichefs von Murnau wird ein Drittel aller Ladendiebstähle in der Stadt von Senioren begangen, die Essen stehlen!

Ohne Zweifel ist das ein extremer Fall, aber es hilft, sich die Gefahr vorzustellen, wenn der Zinseszins GEGEN euch arbeitet, anstatt FÜR euch. Natürlich sollten wir jetzt den Schwachstellen-Analytiker geben und sagen, wir können uns nicht nur auf kolportierte Geschichten verlassen. Wir sollten deutlich analytischer vorgehen. Und das werden wir auch. Aber sagt mir, könnt ihr so analytisch bleiben, wenn ihr die folgende Grafik (Abbildung 2), basierend auf einer Forschungsstudie der Europäischen Zentralbank, seht?

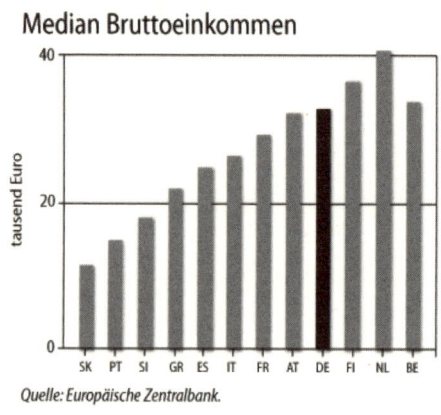

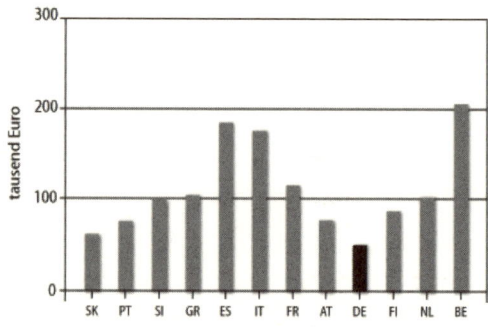

Abbildung 2: Bruttoeinkommen verglichen mit dem Netto-Wohlstand in EU-Ländern, Quelle: Europäische Zentralbank

Eure Augen täuschen euch nicht. Die Deutschen verdienen MEHR als die meisten anderen in Europa. Aber trotzdem bauen sie keinen Wohlstand auf. Laut EZB sind die Deutschen unter den letzten in Europa (hinter den Griechen, zum Beispiel), wenn es um den Aufbau von Wohlstand geht. Autsch!

Wie kann das sein? Hier ist meine persönliche Theorie. Viele Dinge werden zur Normalität, selbst wenn sie nicht gut sind, ja, selbst wenn sie eigentlich inakzeptabel sind. Das verstehen wir unter »normalen Gefahren«, wie eingangs schon erwähnt. Denkt an die 250 Paternoster-Fahrstühle, die immer noch in ganz Deutschland im Einsatz sind. Und das, obwohl sie seit mehr als 40 Jahren nicht mehr produziert werden dürfen! Ihr findet diese Fahrstühle nirgendwo sonst auf der Welt, und ich finde auch, dass ein Aufzug ohne Tür nicht besonders schön ist, ganz abgesehen von dem Sicherheitsrisiko. Außerdem möchte ich die Gefahr nicht eingehen, einen Arm zu verlieren.

Die Gefahr eines Aufzugs ohne Tür ist aber nichts verglichen mit einem Rentenplan ohne Boden. Ihr könnt uns *Fools* gerne als verrückt bezeichnen, aber wir glauben, dass Investitionen in Aktien mit deutlich geringeren Risiken einhergehen als allgemein angenommen. Außerdem erachten wir das Risiko, **nicht** in Aktien zu investieren oder allzu großes Vertrauen in Fondmanager oder Bankberater zu setzen, als deutlich gefährlicher.

Natürlich meinen wir mit Börsen-Investments nicht das kurzfristige Spekulieren am Aktienmarkt oder das Investieren ohne Strategie – das ist nämlich mit sehr großen Risiken verbunden. Wir meinen damit langfristige, unternehmensorientierte und überlegte Investitionen in die besten Unternehmen der Welt. Die wichtigsten Verhaltensweisen sind dabei langfristiges und diversifiziertes Investieren, also die Verteilung der Investitionssumme auf mehrere Unternehmen.

Erstens ist eine Aktienanlage nur mit einem langfristigen Zeithorizont von fünf oder mehr Jahren erfolgreich. Kurzfristiges Spekulieren auf Aktienkursbewegungen gleicht hingegen einem Kasinobesuch. Wo ein Aktienkurs eines Unternehmens morgen, in einem Monat oder auch einem Jahr stehen wird, ist seriös nicht vorhersehbar. Viel eher vorhersehbar ist hingegen, ob ein Unternehmen Chancen hat, auch in fünf oder zehn Jahren noch eine bedeutende Rolle zu spielen oder nicht. In den allermeisten Fällen steigen nämlich die Aktienkurse erfolgreicher Unternehmen auch. Wir sollten also wirklich nur Geld in Aktien investieren, welches wir in den nächsten Jahren aller Voraussicht nach nicht benötigen.

Zweitens ist ein langfristiger Zeithorizont aus unserer Sicht unerlässlich. Warum er so derart wichtig ist, zeigt Abbildung 3. Im Zeitraum zwischen 1871 und 2014 gab es an der US-amerikanischen Börse keinen 20-Jahres-Zeitraum, in dem der Gesamtmarkt eine negative Rendite erzielt hat. Ab einem Anlagezeitraum von mehr als 20 Jahren ergab sich demnach immer eine positive Gesamtrendite – ziemlich beeindruckend oder nicht?

Bei der Investition in Einzelaktien wird es natürlich auch bei einem Zeithorizont von fünf oder mehr Jahren Gewin-

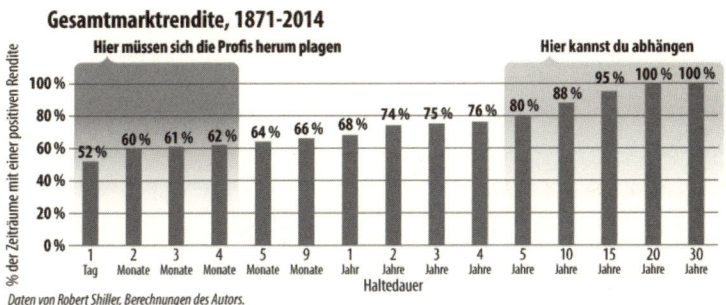

Abbildung 3: Anteil der Zeiträume mit positiver Gesamtmarktrendite in Abhängigkeit von der Haltedauer

ner und Verlierer im Depot geben. Auch die beste Strategie und der längste Zeithorizont kann das nicht verhindern. Was bei *Rule Breakers* aber immer funktioniert hat, ist das Konzept der »asymmetrischen Gewinne«. Du musst dir das so vorstellen: Bei jeder Aktie kannst du maximal 100 % verlieren. Das bedeutet, wenn alles schiefgeht, und die Firma Schiffbruch erleidet, dann kann der Aktienkurs auf null sinken. Und das ist ein SEHR seltenes Ereignis. Auf der anderen Seite hat die Aktie eines schnell wachsenden Unternehmens die Chance, nicht nur um 100 %, sondern sogar um 200 %, 300 %, oder, jawohl, 1.000 % oder mehr zu STEIGEN.

Diese »asymmetrischen Gewinne« bedeuten, dass sich trotz sporadischer Verluste das Portfolio insgesamt sehr gut entwickeln kann – wie wir an der durchschnittlichen Rendite von *Rule Breakers'* sehen können: 137,70 % Gewinn seit Start, und damit mehr als doppelt so viel wie der S&P 500.

Am meisten profitierst du von den »asymmetrischen Gewinnen«, über die wir eben gesprochen haben, indem du ein Portfolio von *Rule Breakers* Aktien anlegst und dabei breit diversifizierst. Wir empfehlen dazu, 15 oder mehr Aktien zu halten. Und Diversifizierung geht auch über schnell wachsende *Rule Breakers* Aktien hinaus. Selbst wenn du dich nicht als »Wachstums-Investor« siehst, kann ein gut diversifiziertes Portfolio bedeuten, dass du über verschiedene Investitionsstrategien hinweg streust. Das bedeutet, dass *Rule Breakers* Aktien für dein Portfolio das ansonsten auf »Value« oder »Dividenden« fokussiert ist, eine gute Form der Diversifikation darstellen können. Denn bestimmte Aktien-Gattungen können zu bestimmten Zeiten über- oder unterdurchschnittlich abschneiden. Insofern kann es helfen, über verschiedene Strategien zu streuen, um die Performance deines Portfolios über alle Zeitperioden hinweg zu glätten.

Kommen wir nun aber dazu, wie du Risiken einzelner Unternehmen bewerten kannst und wie wir das beim *Rule Breakers* Investmentansatz tun.

Risikobewertung beim *Rule Breakers* Investmentansatz

Risiken haben für viele Menschen ganz unterschiedliche Bedeutungen. David Gardner, der die Dinge gerne einfach hält, definiert Risiko als »die Möglichkeit, dass eine Investition zu einem bedeutenden Kapitalverlust führt«. Es ist wahr, dass Risiken und potenzielle Renditen korrelieren. Wir können das Risiko einfach nicht aus der Investitionsgleichung rausnehmen – aber ganz ehrlich, warum sollten wir das auch tun wollen? Denn ohne Risiken gibt es auch keine Chancen auf Renditen, die den Markt schlagen. Mit der *Rule Breakers* Risikobewertung können wir dir aber die bestmögliche Chance geben, zu verstehen, wie viel Risiko mit jeder einzelnen Aktienempfehlung verbunden ist.

Lasst uns aber erst einmal versuchen, den Risikobegriff etwas anschaulicher zu definieren.

Stelle dir vor, du sitzt im Inneren eines schlecht gepackten, fahrenden Umzugstransporters. Hier kannst du Erfahrungen sammeln, wie schwer oder wie einfach es ist, einen Pappkarton zu zerstören. Oder umgekehrt kannst du in Erfahrung bringen, wie groß das Risiko ist, dass der Pappkarton bei einer scharfen Kurve oder einem abrupten Bremsmanöver kaputtgeht.

Oder stell dir ein Karamell-Bonbon (beispielsweise ein Werther's Original) vor. Bist du ungeduldig und zerbeißt es gleich, dann findest du heraus, wie hart ein solches Bonbon sein kann. Oder umgekehrt kannst du auf diese Weise erkennen, wie groß das Risiko für das Karamell-Bonbon ist, den Zähnen nicht standhalten zu können. Überträgt man diese Erfahrungen auf unsere Empfehlungen bei *Rule Breakers*, dann verstehen wir Risiko als die Wahrscheinlichkeit, dass ein Unternehmen unter dem harten Gewicht von Konkurrenten, makroökonomischen Veränderungen oder sonstigen Umwelteinflüssen zerbricht. Um diese Wahrscheinlichkeit bewerten zu können, wurde eine Risikoskala eingeführt. Der Name dieser Skala? Die Zerstörbarkeitsskala.

Die Zerstörbarkeitsskala

Natürlich hätten wir für die Risikoeinstufung auch Ausdrücke wie hohes, moderates oder geringes Risiko wählen können. Das würde uns aber etwas zu sehr nach Börsenhai-Fachjargon klingen und hat in unseren Augen auch nur eine begrenzte Aussagekraft.

Machen wir uns nichts vor: Es besteht doch auch ein moderates Risiko, dass du deine neuen Turnschuhe in einer Woche nicht mehr so cool findest wie an dem Tag, an dem du sie gekauft hast. Beim Investieren geht es aber nicht um Turnschuhe, sondern um dein und unser hart verdientes Geld. Daher möchten wir den Risikobegriff deutlich transparenter darstellen – zumindest versuchen wir das.

Aus dieser Überlegung wurde die Zerstörbarkeitsskala erfunden. Sie zeigt an, wie leicht oder schwer ein Unternehmen durch äußere Einflüsse, die darauf einwirken, beeinträchtigt bzw. sogar zerstört wird. Die verschiedenen Punktwerte der Zerstörbarkeitsskala und ihre Bedeutung sind in Tabelle 1 dargestellt.

Zerstörbarkeitsskala
0 – 2 Punkte: Diamant
3 – 4 Punkte: Flugschreiber
5 – 6 Punkte: Karbonstahl
7 – 8 Punkte: Marmor
9 – 10 Punkte: Karamell-Bonbon
11 – 12 Punkte: Kokosnuss
13 – 14 Punkte: Glasflasche
15 – 16 Punkte: Coladose
17 – 18 Punkte: Pappkarton
19 – 20 Punkte: Wasserball
21 – 22 Punkte: Ei

Tabelle 1: Zerstörbarkeitsskala

Die 25 Fragen zur Risikobewertung

Um die Risikobewertung für ein Unternehmen vorzunehmen, beantworten wir 25 Fragen. Indem wir die Fragen addieren, auf die die Antwort »nein« lautet, erhalten wir die Einstufung auf der Zerstörbarkeitsskala. Je höher die Punktezahl, desto riskanter ist die Investition in ein Unternehmen. Aber nun zu den 25 Fragen, die in insgesamt in sechs Kategorien unterteilt sind.

Fragen zum Unternehmen

1. **Profitabilität:** War das Unternehmen im letzten Quartal und in den letzten zwölf Monaten profitabel?
2. **Cashflow:** Hatte das Unternehmen im letzten Quartal und in den letzten zwölf Monaten einen positiven Cashflow?
3. **Marke:** Basiert das Geschäft des Unternehmens auf einer erkennbaren Marke, die von den Kunden wirklich geschätzt wird?
4. **Diversifikation:** Hat das Unternehmen eine diversifizierte Käuferschicht, sodass kein einzelner Kunde für mehr als 20 % des Umsatzes steht?
5. **Begeisterte Fans:** Äußern sich die Kunden in Summe positiv über das Unternehmen?

Fragen zu den Finanzen

6. **Wachstum:** Hat das Unternehmen in den letzten drei Jahren seine Umsätze zwischen 10 % und 40 % pro Jahr gesteigert?

7. **Unabhängigkeit:** Kann das Unternehmen seine Geschäfte die nächsten drei Jahre aufrechterhalten, ohne auf externe Geldgeber angewiesen zu sein?

8. **Offenlegung:** Hält das Unternehmen einen hohen Standard hinsichtlich der Offenlegungspflichten?

9. **Transparenz:** Findet ein gewöhnlicher Investor die Finanzberichte und die Pflichtmitteilungen über die Aktienanteile des Managements (Directors' Dealings) relativ leicht und sind diese einfach zu lesen?

10. **Führung:** Hat das Unternehmen im letzten Jahr eine Eigenkapitalrendite von 15 % oder mehr erzielt?

Fragen zum Wettbewerb

11. **Underdog:** Hat das Unternehmen keinen direkten Wettbewerber, der nachhaltig über größere finanzielle Ressourcen verfügt?

12. **Goliath:** Ist das Unternehmen gefeit vor disruptiven Neuerungen, die seine Existenz gefährden könnten?

13. **Burggraben:** Müssten potentielle neue Wettbewerber hohe finanzielle, technologische oder regulatorische Hürden überwinden, um im gleichen Geschäft eine ernsthafte Konkurrenz darzustellen?

Fragen zur Aktie

14. **Marktkapitalisierung:** Hat die Aktie eine Marktkapitalisierung von mindestens 500 Millionen US-Dollar?
15. **Beta:** Lag das Beta der Aktie in den letzten 12 Monaten unter 1,3?
Das Beta einer Aktie gibt übrigens an, wie stark eine
Aktie im Vergleich zum Gesamtmarkt schwankt. Ein
Wert von 1,0 bedeutet, dass die Aktie exakt gleich
schwankt wie der Gesamtmarkt. Ein hohes Beta
bedeutet demnach, dass der Aktienkurs in der Vergangenheit starken Schwankungen unterlag – und
mutmaßlich auch weiterhin stark schwanken könnte.
16. **Kurs-Gewinn-Verhältnis:** Hat die Aktie ein positives
Kurs-Gewinn-Verhältnis von unter 30?

Fragen zum Management

17. **Gründer:** Hält einer der Unternehmensgründer noch
immer 5 % oder mehr der ausgegebenen Aktien?
18. **Erfahrung:** Haben die drei Top-Manager des Unternehmens zusammen mehr als 15 Jahre Führungser-
fahrung im Unternehmen?

Fragen zur Einstufung als *Rule Breaker*

19. **Zeichen eines *Rule Breakers*:** Erfüllt das Unternehmen
die Mehrzahl der sechs Anzeichen eines *Rule Breakers*?

20. **Binäres Schicksal:** Sind die Zukunftsaussichten des Unternehmens derart sattelfest, dass sie den binären künftigen Entwicklungen standhalten können? Anders ausgedrückt, gibt es nur Top (Mega-Renditen) oder Flop (Bankrott), also 0 oder 1. Ein gutes Beispiel sind z. B. Biotech-Aktien, deren Erfolg zu 100% an der Zulassung eines Medikaments hängt.

Fragen zur *Foolishness*

21. **Musterknabe:** Ist garantiert, dass das Unternehmen bei seinen Mitteilungen und seinem Tun absolut fehlerfrei handelt?

22. **Deine Interessenslage:** Willst du mehr über dieses Unternehmen wissen? Bist du bereit, tiefer zu graben, mehr zu lernen und auch im Diskussionsforum Fragen zu stellen, um das Unternehmen wirklich zu verstehen?

23. **Unternehmensspezifische Frage #1:** Stelle und beantworte die bestmögliche Frage, die das Risiko des Unternehmens beschreibt.

24. **Unternehmensspezifische Frage #2:** Stelle und beantworte die zweitbeste Frage, die das Risiko des Unternehmens beschreibt.

25. **Kugelsicherheit:** Bist du dir sicher, dass das Unternehmen mit absoluter Sicherheit allen möglichen externen Weltereignissen und makroökonomischen Veränderungen trotzen kann und du dein investiertes Kapital wieder zurückbekommst?

Subjektive Antworten? Kein Problem!

Wie dir wahrscheinlich bereits aufgefallen ist, sind einige der Antworten auf die 25 Fragen alles andere als objektiv messbar. Das bedeutet natürlich auch, dass die Risikobewertung eines Unternehmens unterschiedlich ausfallen kann, je nachdem, wer sie beantwortet. Einer findet den Burggraben eines Geschäftsmodells tief und breit, ein anderer sieht mehrere Möglichkeiten, ihn zu überwinden.

Natürlich ist es auch alles andere als sicher, dass ein Unternehmen mit einer Punktezahl von 17 auf der Zerstörbarkeitsskala – ein »Pappkarton« also – untergehen muss, wenn die Dinge schwierig werden. Einzelne mit ja beantwortete Fragen können andere mit nein beantwortete Fragen aufwiegen, so wie auch in der Realität ein Pappkarton ein erstaunliches Gewicht aushalten kann, wenn er mit den richtigen Dingen gefüllt wurde. Wenn du aber darauf wetten müsstest, welches Unternehmen eher Schwierigkeiten bekommen könnte, dann sollte man eher auf einen Pappkarton setzen als auf ein Karamell-Bonbon.

Abschließend noch ein weiterer Punkt, wie man mit Risiken umgehen kann. Für die Bewertung von Risiken benötigst du zunächst natürlich die Eintrittswahrscheinlichkeit. Es geht also um die Antwort auf die Frage, wie hoch die Wahrscheinlichkeit ist, dein eingesetztes Kapital zu verlieren – das kannst du mit den oben aufgelisteten 25 Fragen einschätzen. Zusätzlich brauchst du aber auch noch die Auswirkungen für den Fall, dass eine Gefahrenlage eintritt. Du musst wissen, wie viel Kapital du dann maximal verlieren könntest. Beim Investieren wäre das die Investitionssumme in Aktien eines einzelnen Unternehmens. Das Risiko einer hohen Bewertung auf unserer Zerstörbarkeitsskala kann also durch die Reduktion der Investitionssumme reduziert werden. O.K. das war nun ziemlich viel über Risiken. Ich will daher nochmal zusammenfassen, was aus meiner Sicht die wichtigsten Erkenntnisse über Risiken sind:

1. Das menschliche Gehirn bewertet oftmals sehr abstrakte Risiken deutlich höher als reale und wahrscheinliche Risiken.
2. Wir – vor allem im aktienskeptischen Deutschland – meiden daher scheinbar riskante Anlageklassen wie Aktien und vertrauen auf scheinbar sichere Anlageklassen mit geringen oder gar negativen Renditen (Lebensversicherungen, Sparbücher).
3. Diversifikation und ein langfristiger Zeithorizont können das Risiko von Aktieninvestitionen deutlich reduzieren.

Nun aber genug der Risiken. Widmen wir uns ab sofort den Chancen des *Rule Breakers* Investmentansatzes und schauen wir uns an, wie wir die Unternehmen finden, die unsere Welt entscheidend verändern und fantastische Gewinne bereithalten. Beginnen werden wir dabei mit der ersten Lektion: der Suche nach wichtigen und aufstrebenden Industrien unserer Zeit.

LEKTION 1

Wichtige und aufstrebende Industrien

Fangen wir vorne an: In welchen Industrien finden wir Rule Breakers?

Herzlich willkommen bei der ersten Lektion des *Rule Breakers* Investmentratgebers! Zunächst geht es dabei weniger um einzelne Unternehmen, sondern darum, Branchen zu finden, die ein schnelles Wachstum versprechen. Natürlich kann man auch in weniger schnell wachsenden Industrien Aktien mit Tausendprozenter-Potenzial finden. In schnell wachsenden Industrien ist die Anzahl der Chancen allerdings um ein Vielfaches größer.

Tatsächlich können wir die Liste der Tausendprozenter durchgehen und sehen, dass sie alle einen schnell wachsenden wirtschaftlichen Trend bedienen:

- Priceline (eCommerce, besonders Online-Reisebuchungen)
- Netflix (Streaming von Fernsehen und Filmen)
- Amazon.com (eCommerce)
- Incyte Corp (biologische Arzneimittel)
- Cal-Maine Foods (verbesserte Lebensmittel)
- MarketAxess (Digitalisierung von Finanzgeschäften, besonders im Fondshandel)
- Alexion Pharmaceuticals (biologische Arzneimittel)

Wichtigkeit und Wachstum sind entscheidende Kriterien

Es ist wichtig, zu verstehen, dass wir beim *Rule Breakers* Investmentansatz nicht nur nach schnell wachsenden Branchen suchen, sondern auch nach wichtigen und bedeutenden Industrien. Das ist entscheidend, weil grundlegende wirtschaftliche Trends normalerweise zwei Dinge implizieren: erstens einen existierenden großen Markt und zweitens einen schnell wachsenden Trend.

Nehmen wir als Beispiel mal einen Hersteller von Schrauben und Nägeln. Eine solche Firma bedient unbestritten einen großen, aber auch sehr ausgereiften und nur langsam wachsenden Markt. Ein solches Unternehmen würde also nur eines unserer beiden Kriterien erfüllen und die Hürde des zweiten Kriteriums nicht überspringen. Solange ein solches Unternehmen keine revolutionären neuen Nägel erfindet, kann diese Firma nur wachsen, indem sie dem allgemeinen Markt hinterherwankt oder der Konkurrenz Marktanteile abjagt (was schwierig ist, wenn sie nichts Neues oder Abweichendes anbietet).

Auf der anderen Seite gibt es Unternehmen, die im Markt der Online-Werbung aktiv sind und damit einen Markt bedienen, der bereits riesengroß ist. Dieser Markt wächst aber weiterhin sprunghaft an, weil Werbetreibende weiterhin Milliarden Euro Werbebudget von Fernseh-, Radio- und Printwerbung in den Online-Bereich verlagern. Unternehmen in derartigen Branchen müssen ihren Konkurrenten keine Marktanteile abjagen, sondern sie wachsen bereits dann sehr schnell, wenn der bestehende Marktanteil (in Prozent vom Gesamtmarkt) konstant gehalten werden kann. Steigende Marktanteile sind natürlich dennoch besser und sorgen für den Extra-Boost.

Wenn wir also auf ein Unternehmen aufmerksam werden, das auf den ersten Blick ein wirklich außergewöhnliches Unternehmen mit schnellem Wachstum ist, sollten wir uns dennoch als erstes diese Frage stellen: Ist es einer zugleich wichtigen und wachsenden Industrie zugehörig?

Das lässt Industrien wachsen

Also, was lässt Industrien wachsen? Vielleicht denkst du dir, was für eine blöde, weil doch sehr einfach zu beantwortende Frage. Voraussetzung für Wachstum ist natürlich, dass

Produkte oder Leistungen angeboten werden, die von mehr und mehr Kunden auf der ganzen Welt nachgefragt und gekauft werden. Haben wir damit dieses Kriterium ausreichend abgehandelt? Meiner Ansicht nach nicht! Es erscheint sinnvoll, einmal zu hinterfragen, was denn tatsächlich eine steigende Nachfrage nach Produkten oder Dienstleistungen hervorruft und zu wachsenden Industrien führt.

Grundsätzlich gibt es drei Auslöser für wachsende Industrien: Erfindungen, Weiterentwicklungen oder Adaption. Jeder dieser drei Punkte kann ein Auslöser und eine Quelle für *Rule Breakers* Unternehmen sein sowie der Startschuss für Gewinne von + 1.000 Prozent und mehr.

Aber was steckt hinter diesen drei Schlagwörtern?

Erfindungen – Thomas Edison, der Erfinder des Phonographen, des Börsentickers, der Glühbirne und von mehr als 1.700 weiteren Dingen ist ein Paradebeispiel für einen *Rule Breaker*. Seine Erfindungen kreierten ganz neue Produkte oder Dienstleistungen (und damit Industrien) und befriedigten die bereits vorhandenen oder noch nicht entdeckten Bedürfnisse von Menschen auf der ganzen Welt. Die Erfindung der Blue-Jeans durch einen gewissen Levi Strauss im Jahr 1848 ist ein weiteres gutes Beispiel für eine Erfindung, die ein ganz neues Bedürfnis geschaffen hat. Mr. Strauss erfand die Blue-Jeans übrigens deshalb, weil er in Kalifornien zu Zeiten des Goldrausches keinerlei andere Materialien zur Verfügung hatte als Denim, aber dringend eine neue Hose brauchte. Typischerweise sind die besten *Rule Breakers* Neuerfindungen diejenigen, die eine ganz neue Industrie hervorbringen und komplett neue Bedürfnisse wecken – am besten natürlich weltweit.

Weiterentwicklungen – Wenn ein Unternehmen ein bestehendes Produkt verändert oder signifikant erweitert, und damit eine größere Nachfrage erzeugt oder eine nachlassende Nachfrage wieder aufleben lässt, sprechen wir von Weiterentwicklungen. Eine bahnbrechende Weiterentwicklung befriedigt ein bestehendes Bedürfnis viel besser als zuvor oder kreiert durch ein verändertes Produkt ein komplett neues Bedürfnis. Schnurloses Internet über Smartphones ist ein gutes Beispiel für eine derartige Weiterentwicklung und legte den Grundstein für den unglaublichen Erfolg von **Apple** und **Samsung** – und den Niedergang von **Nokia**. Eine ebenfalls revolutionäre Weiterentwicklung war der Sprung von Pferdekutschen auf Automobile. Die Erfindung des Verbrennungsmotors war der Startschuss und die Grundlage für eine heute noch vorhandene Multimilliarden-Industrie allein in Deutschland.

Adaption – Anders als bei einer Neuerfindung wird bei der Adaption ein existierendes Produkt oder ein bereits bestehender Service auf eine andere Art und Weise verwendet als bisher, und dadurch werden neue Bedürfnisse geweckt. Adaption verändert das Produkt oder den Service nicht so drastisch, wie es bei einer Weiterentwicklung der Fall ist, sondern verwendet ein bestehendes Produkt lediglich für eine andere Anwendung. **NVIDIA** ist ein gutes Beispiel dafür. Einst war NVIDIA ausschließlich bekannt für seine herausragenden Grafikkarten und in der Gaming-Szene weit verbreitet. Nun werden die Grafikprozessoren aber für eine viel größere Sache eingesetzt: Deep Learning! Das ist die Basis für künstliche Intelligenz, selbstfahrende Autos und vieles mehr – dazu später aber noch mehr.

Es ist zweifelsfrei nicht immer einfach, bei einer aufstrebenden Industrie auszumachen, welcher der drei Auslöser nun tatsächlich für das Wachstum verantwortlich ist. Das zeigen auch die gewählten Beispiele, die man auch, ohne zwingend falsch zu liegen, in eine andere Kategorie hätte packen können. Wichtig ist aber zu verstehen, dass eine wachsende Industrie von der besseren Befriedigung bestehender Bedürfnisse oder von der Schaffung komplett neuer Bedürfnisse lebt. Daraus erwachsen eine steigende Nachfrage und zunehmende Verkaufszahlen.

Nun haben wir also den ersten Teil der Ausgangsfrage beantwortet (»Handelt es sich um eine wichtige und wachsende Industrie?«). Bleibt nun die Frage, was eine wichtige von einer unbedeutenden Industrie unterscheidet.

Das macht eine Industrie wichtig?

Sobald du eine wachsende Industrie zweifelsfrei identifiziert hast, solltest du die anschließende Frage beantworten: »Wie wichtig ist diese Industrie?« Wirkliche *Rule Breakers* Unternehmen sind nämlich nicht nur in wachsenden Industrien tätig, sondern auch in Industrien, die eine bleibende Bedeutung haben.

Wann eine bleibende Bedeutung nahe liegt

Ist es wahrscheinlich, dass die Nachfrage nach den Produkten einer Industrie irgendwann einmal an Bedeutung verliert oder durch etwas Besseres ersetzt wird? Ist die Antwort ein verlegenes »Vielleicht«, dann ist diese Industrie eventuell doch keine hundertprozentige *Rule Breakers* Industrie, weil sie möglicherweise nicht wirklich wichtig ist.

Wer benutzt heute noch ein 3,5-Zoll-Disketten-Laufwerk? Wer hört tatsächlich noch Musik-CDs? Das sind alles Produkte, die von neueren und besseren Produkten verdrängt wurden. Ok, wenn ich ehrlich bin, dann höre ich tatsächlich noch Musik-CDs. Ansonsten kenne ich aber niemanden.

Natürlich ist es schwierig, vielleicht sogar unmöglich, eine Industrie mit absoluter Sicherheit als unersetzlich zu deklarieren. Wer weiß denn schon, welche Neuerungen die Zukunft bereithält? Außerdem sind derlei Neuerungen ja auch nichts Schlechtes. Zumindest dann nicht, wenn ein Unternehmen es schafft, diese Weiterentwicklungen selbst auf den Markt zu bringen.

Das bringt uns auch schon zum nächsten Punkt, den eine wichtige Industrie ausmacht. Sie sollte noch viele Wachstumsmöglichkeiten haben.

Das Kriterium der Wachstumsmöglichkeiten

Die entscheidende Frage lautet dabei: »Kann diese Industrie ihre Umsätze auch in fünf Jahren noch weiter steigern?

Wie sieht es in zehn Jahren aus? Ist die Industrie dann immer noch eine wachsende Industrie?«

Welche Erfindungen, Weiterentwicklungen oder Adaptionen könnten der betreffenden Industrie weitere Wachstumschancen bieten? Die besten Industrien weisen unendlich viele solcher Wachstumsmöglichkeiten auf und versprechen so auch noch in fünf oder gar zehn Jahren hohe Wachstumsraten.

Das beste Beispiel dafür ist wohl der eCommerce. Auch wenn dieses Beispiel wenig überraschend ist, sollte meiner Meinung nach ein Kapitel über Trends und wachsende Industrien nicht enden, ohne mindestens einmal den Trend »eCommerce« und den Anbieter »**Amazon**« zu erwähnen. Zu Beginn waren es Bücher, dann CDs, nun ist Amazon zugleich eine On-Demand-Filmplattform. In Zukunft wird aus Amazon vielleicht noch die Online-Apotheke oder etwas ganz anderes. Die Wachstumspotenziale von eCommerce und Amazon sind unglaublich.

Das unterstreichen auch die Zahlen. Wer glaubt, dass eCommerce längst schon ausgelutscht ist, der sollte wissen, dass im Jahr 2016 nur 10 % der gesamten Einzelhandelsumsätze in den Vereinigten Staaten auf den Online-Handel entfielen. Obwohl also Amazon und die anderen eCommerce-Größen schon ein imposantes Wachstum hinter sich haben, bleiben hier immer noch viele Möglichkeiten. Insbesondere, weil sie ein weiteres Kriterium einer wichtigen Industrie ohne Zweifel vorweisen: Sie haben eine große Käuferreichweite.

Große Käuferreichweite macht Unternehmen unabhängig

Zwar ist es auch durchaus möglich, mit einer geringen Anzahl von dann sehr großen Kunden erfolgreich zu sein. Aber ein kleiner Kundenstamm bedeutet, dass der finanzielle Schaden beim Verlust eines Kunden viel größer ist als bei Millionen von einzelnen Kunden.

Denk mal an eCommerce-Plattformen, Suchmaschinen oder Social-Media-Kanäle. Millionen Menschen auf der ganzen Welt nutzen die Dienste der Unternehmen aus diesen Industrien – und jeden Tag kommen neue Nutzer und zahlende Kunden hinzu.

Die genannten Industrien haben aber auch noch eine weitere Eigenschaft: Sie haben sich tief in den Gewohnheiten der Menschen verankert. Fast beiläufig nutzen wir diese Industrien täglich und hätten kurzfristig große Probleme, wenn sie über Nacht schlagartig verschwunden wären.

Das bringt uns zur letzten Eigenschaft von wichtigen Industrien: Sie können nicht ohne großes Trara verschwinden.

Industrien, die nicht ohne großes Trara verschwinden können

Die allerletzte Frage, die wir bei der Beurteilung einer Industrie stellen ist: »Was würde passieren, wenn sie mit einem Fingerschnipp einfach so verschwinden würde? Wie viele Menschen würde das interessieren? Wie viele Menschen würden das überhaupt bemerken?«

Natürlich ist das eine theoretische Überlegung, aber bei wirklich wichtigen Industrien würde solch ein plötzliches Verschwinden eine große öffentliche Diskussion entfachen. Nur durch graue Theorie ist aber noch niemand zum Investment-Künstler geworden. Daher bist nun du an der Reihe. Wenn du diese drei Aufgaben löst, kannst du zur nächsten Lektion fortschreiten. Natürlich kannst du die Übungen auch überspringen und direkt bei Lektion 2 weiterlesen. Aber, erstens macht erst Übung den Meister, und zweitens macht die Lektüre dieses Buch ohne die Übungen nur halb so viel Spaß.

Deine Aufgaben zu Lektion 1

- **Grundschule:** Finde weitere Industrien, die beide Eigenschaften in sich vereinen, die sowohl wachsen als auch wichtig sind.

- **Mittlere Reife:** Bestimme das Markvolumen der oben genannten Industrien heute und im Jahr 2021 und berechne die jährliche Wachstumsrate.
Kleiner Tipp: Das Internet hilft dir dabei.

- **Abitur:** Überlege dir, was mit diesen Industrien nach 2021 passieren könnte.

LEKTION 2

Platzhirsche und Pioniere mit dem gewissen Etwas

Nur die Besten: Platzhirsche und Pioniere

Nach der ersten Lektion haben wir den Kreis potenzieller *Rule Breakers* schon etwas eingegrenzt. Aber natürlich interessieren wir uns beim *Rule Breakers* Investmentansatz nicht für jedes beliebige Unternehmen aus diesen Branchen. Die Suche nach den großen Trends ist daher sehr wichtig. Um als Investoren von diesen Trends zu profitieren, müssen wir allerdings noch etwas mehr leisten, als diese Trends bloß zu erkennen.

Genauso wichtig ist es, die besten Unternehmen für diese Trends zu finden. Unternehmen mit den besten Mitarbeitern, den besten Produkten, den stärksten Marken und infolgedessen auch mit den größten Wachstumsraten.

Diese Unternehmen sind es dann auch, die von den bestehenden Trends am allermeisten profitieren werden und für Aktionäre eine Vervielfachung des Investitionskapitals bereithalten.

Bei *Rule Breakers* nennen wir diese Unternehmen »Platzhirsche« und »Pioniere«.

Mit genügend Erfahrung und etwas Hintergrundwissen ist es gar nicht so schwer, solche Unternehmen zu finden. Deine Erfahrungen musst du selbst machen (oder dich auf uns verlassen), das Hintergrundwissen eignest du dir hier in weniger als fünf Minuten an.

Warum wir Platzhirsche und Pioniere derart lieben

Es ist natürlich keinesfalls garantiert, dass die Platzhirsche einer aufstrebenden Industrie immer zu den Gewinnern gehören werden. Aber die Platzhirsche sind oft in der Lage, die besten Talente anzuziehen, die besten Partnerschaften auszuhandeln und dadurch auch die größten Wachstumschancen wahrzunehmen.

Und warum suchen wir genau solche Unternehmen? Ganz einfach, weil wir noch keinen Platzhirsch einer bedeutenden und wachsenden Industrie gesehen haben, dessen Aktienkurs in Cent-Beträgen angegeben wurde. Und ich glaube, dass sich das auch in Zukunft nicht ändern wird.

Hinter jedem Platzhirsch stehen aber viele aufstrebende Unternehmen, die hart daran arbeiten, dem Platzhirsch
das Revier streitig zu machen und irgendwann selbst zum
Platzhirsch aufzusteigen. Daher suchen wir nicht irgend-
welche Platzhirsche und Pioniere, sondern solche mit dem
gewissen Etwas.

Die Suche nach dem Platzhirsch und den Pionieren

Die einfachste Möglichkeit, den Platzhirsch einer Branche
zu finden, ist es, das Unternehmen zu suchen, das nach
unterschiedlichsten Finanzkennzahlen am größten ist.
Beispielsweise könntest du in einer bestimmten Industrie
das Unternehmen mit dem höchsten Jahresüberschuss
oder Jahresumsatz ausfindig machen.

Eine andere sinnvolle Kennzahl, um den Platzhirsch einer Branche zu erkennen, ist der Vergleich der Marktkapitalisierung. Diese Kennzahl ergibt sich aus der Anzahl
der ausgegebenen Aktien multipliziert mit dem aktuellen
Aktienkurs und stellt den aktuellen Börsenwert eines Unternehmens dar.

Anders als Umsatz und Gewinn, die sich auf die Vergangenheit beziehen, sind in der Marktkapitalisierung bereits
die Zukunftsaussichten eines Unternehmens eingepreist.
Daher gibt es auch einige Unternehmensvergleiche, bei
denen das nach Marktkapitalisierung größere Unterneh-

men deutlich geringere Umsätze oder Gewinne aufweist als seine Wettbewerber. Das bedeutet dann, der Markt traut diesem Unternehmen deutlich bessere Zukunftschancen zu als den anderen – das sind Erwartungen, die natürlich nicht immer auch so eintreten müssen.

Tesla beispielsweise ist, gemessen an der Marktkapitalisierung, mittlerweile beinahe so wertvoll wie **BMW**. Und das, obwohl Tesla es noch in keinem Geschäftsjahr geschafft hat, einen Gewinn zu erzielen. Auch die Jahresumsätze von Tesla liegen deutlich unter denen von BMW.

Jahresumsatz, Jahresüberschuss und auch Marktkapitalisierung könnten aber auch allesamt trügerische Größen sein. Die Vergangenheit hält mehr als eine Geschichte bereit, in der das umsatz-, gewinnstärkste oder teuerste Unternehmen einer aufstrebenden und wichtigen Branche von einem zunächst kleineren Rivalen überrundet wurde.

Lohnenswert ist auch oftmals der Blick in ein Branchenmagazin. Die Informationen dort bieten einen deutlich schärferen Blick auf die Platzhirsche und Herausforderer einer Branche als Publikationen in den einschlägigen Finanzjournalen.

Aber Achtung, auch die besten und stärksten Unternehmen einer Branche müssen sich im Konkurrenzkampf mit neuen und bestehenden Herausforderern immer wieder beweisen. Ansonsten ist der Platz an der Sonne schnell verloren und ein dynamischer Herausforderer sonnt sich künftig an dieser Stelle.

Daher suchen wir bei *Rule Breakers* nicht einfach nur nach dem Platzhirsch in einer aufstrebenden Industrie, sondern nach den Pionieren mit dem gewissen Etwas.

Das gewisse Etwas finden

Neben einer Vielzahl von kleineren Eigenschaften gibt es zwei essentielle Eigenschaften, die einen Pionier und Platzhirsch mit dem gewissen Etwas auszeichnen und ihn von anderen, womöglich weniger erfolgreichen Platzhirschen und Pionieren unterscheiden.

Erstens: eine funktionierende Marketing- und Verkaufsstrategie. Produkte oder Dienstleistungen zu verkaufen ist das oberste Ziel eines jeden Unternehmens. Ohne besondere Anstrengungen werden Kunden nicht Schlange stehen, um die Produkte eines Unternehmens zu kaufen oder die Dienstleistungen des Unternehmens in Anspruch zu nehmen.

Google war zu Beginn des Internetbooms nicht die einzige Suchmaschine im World Wide Web. Google war aber die erste Suchmaschine, die die Beliebtheit einer Website bei der Anzeige der Suchergebnisse mit einbezog. Google schaffte es so, dem Suchenden das beste Ergebnis zu liefern, einfach die Creme de la Creme, die Nadel im Heuhaufen, die beste Website, die zu dieser Suche passt, wie es ein **Alphabet**-Mitarbeiter einmal ausdrückte.

Amazon schaffte es (und schafft es noch immer), mit einer aggressiven Marketingstrategie in immer neue Bereiche vorzudringen. Das Erfolgsgeheimnis war und ist die bedingungslose Konzentration auf die Kundenzufriedenheit. Dieses Erfolgsgeheimnis verursachte zwar einiges an kurzfristigen Kosten, führte aber zu der heutigen Dominanz auf vielen Märkten und zu den enormen Wachstumsperspektiven, die nach wie vor bestehen.

Zweitens: Ein Pionier mit dem gewissen Etwas hat die vollständige Kontrolle über sein eigenes Schicksal. Wenn ein Unternehmen es nicht schafft, seine Produkt-, Preis- und Service-Entscheidungen eigenständig zu treffen, dann wird es das Unternehmen auch nicht schaffen, sein Geschäft zur vollen Blüte zu bringen.

Warnendes Beispiel dafür sind die deutschen Solarmodul-Hersteller der Vergangenheit. Ohne jeden Zweifel war die Solarbranche mit Einführung der EEG-Umlage zur Förderung erneuerbarer Energien in Deutschland eine aufstrebende Branche. Blickt man auf die aktuellen Zubau-Raten weltweit und auch in Deutschland, dann ist die Solarbranche noch immer eine aufstrebende und vor allem bedeutende Industrie – zumindest, wenn man den Klimawandel ernst nimmt. Mittlerweile können die Erzeugungspreise einer modernen Photovoltaik-Anlage gar mit den Erzeugungspreisen konventioneller Kraftwerke konkurrieren. Das war bis vor einigen Jahren noch ein ferner Wunschtraum.

Die deutschen Hersteller von Photovoltaik-Zellen (PV-Zellen) profitierten aber keineswegs, von einem kurzfristigen Boom einmal abgesehen. Grund für den Niedergang war, dass sie keine Kontrolle über ihr eigenes Schicksal hatten. Der plötzliche Aufschwung kam weniger durch einen realen Kundenwunsch, sondern war vielmehr von der Politik initiiert worden.

Mit dem Boom kamen neue Wettbewerber aus China und anderen Teilen der Welt. Weil dort die Lohn- und Energiekosten viel niedriger sind und weil teilweise auch der chinesische Staat die dortige Produktion staatlich unterstützt hat, kam es zu einem Preiskampf, den die deutschen Hersteller nicht mitgehen konnten. Die Absenkung der garantierten Einspeisevergütung durch die Politik und das damit verbundene Abflachen der Zubau-Rate gab den deutschen Herstellern den Rest.

Die deutschen PV-Hersteller waren in der unglücklichen Situation, dass sie ihr eigenes Schicksal nicht mehr in der eigenen Hand hatten. Sie konnten dem nicht zu gewinnenden Preiskampf keine Qualitäts- und Servicevorteile entgegenstellen und wann immer sie dies versuchten, reichten ihre Bemühungen nicht aus. Deshalb mussten sie reihenweise Insolvenz anmelden.

Das ist ein unschönes Beispiel für Unternehmen, die zwar in einer boomenden Branche agierten, deren Schicksal aber von externen Einflussfaktoren bestimmt wurde und keinesfalls in den Händen der Unternehmen selbst lag.

Unsere gemeinsame Suche nach Unternehmen, die die Welt verändern, beginnt zunächst also stets bei der Suche nach aufstrebenden und bedeutenden Industrien. Hat man eine solche gefunden, ist die Suche aber keinesfalls zu Ende.

Denn dann beginnt die nicht minder aufregende Suche nach dem Platzhirsch und Pionier in der jeweiligen Branche.

Aber Achtung: Es gilt nicht nur das größte und derzeit erfolgreichste Unternehmen zu finden, sondern zugleich das Unternehmen mit dem gewissen Etwas. Das gewisse Etwas haben diejenigen Unternehmen, die nicht nur in einer wichtigen und aufstrebenden Industrie tätig sind, sondern vor allem diejenigen, die es schaffen, ihre Kunden zu begeistern, und die ihr Schicksal vollständig selbst bestimmen können.

Deine Aufgaben zu Lektion 2

Und nun bist wieder du an der Reihe. Löse die folgenden drei Aufgaben, und danach geht es weiter mit Lektion 3.

- **Grundschule:** Suche in den von dir entdeckten wachsenden und wichtigen Industrien die Pioniere und Platzhirsche.

- **Mittlere Reife:** Überlege, welche dieser Unternehmen Platzhirsche und Pioniere mit dem gewissen Etwas sind und welche nicht.

- **Abitur:** Blicke in die Vergangenheit: Welche Industrien waren vor 50 Jahren die Pioniere und Platzhirsche von wichtigen und aufstrebenden Industrien und was ist aus ihnen geworden?

LEKTION 3

Nachhaltiger Wettbewerbsvorteil

Nachhaltigkeit ist die wichtigste Voraussetzung für langfristigen Erfolg

Haben wir die Pioniere und Platzhirsche in wichtigen und wachsenden Industrien gefunden, dann geht die Arbeit erst richtig los. Denn dann heißt es, das Unternehmen auf Herz und Nieren zu prüfen.

Los geht es dabei mit dem, was ein Unternehmen langfristig erfolgreich macht oder was womöglich gegen einen langfristigen Erfolg spricht. Es geht um die nachhaltigen Wettbewerbsvorteile. Alle erfolgreichen Unternehmen und damit auch alle erfolgreichen *Rule Breakers* Unternehmen haben eines gemeinsam: Sie haben genau diese nachhaltigen Wettbewerbsvorteile. Ohne solche Vorteile werden auch den Pionieren und Platzhirschen in aufstrebenden und wichtigen Industrien sehr schnell die Lichter ausgehen und den Investoren unvergessene Verluste bescheren.

Nur mit Wettbewerbsvorteilen können schnell wachsende Unternehmen aus der Verlustzone kommen und ihren Investoren das bieten, was ausgewachsene Unternehmen zu bieten haben: hohe Gewinnmargen und/oder schnellen Kapitalumschlag und die Dominanz über die Wettbewerber der Branche. Einige Beispiele für derartige Wettbewerbsvorteile sind Geschäftsmomentum, Patente, visionäre Führungspersönlichkeiten oder unfähige Konkurrenten.

Das sorgfältige Studium von Geschäftsmodellen ist der Kern der *Foolishen* Investitionsstrategie. Unser Fokus sollte auf der geschäftlichen Entwicklung eines Unternehmens liegen – nicht so sehr auf den täglichen Kursbewegungen, die sowieso unvorhersehbar sind. Was am Ende wirklich zählt, ist der nachhaltige Wettbewerbsvorteil. Ohne einen solchen sind alle Geschäftsmodelle irgendwann zum Scheitern verurteilt oder entfalten nie ihre volle Größe. Denn Wettbewerber können das Gleiche besser oder zumindest gleich gut machen.

Warum es nicht so einfach ist

Ja, das Suchen und Finden von nachhaltigen Wettbewerbsvorteilen ist herausfordernd und alles andere als einfach. Wenn solche Vorteile leicht zu erkennen wären und wenn man sie in Zahlen ausdrücken könnte, dann würde ein ein-

facher Blick etwa auf das Umsatzwachstum, die Gewinnmargen oder sonstige Unternehmensgrößen helfen.

Wir sollten uns in Erinnerung halten, dass 75 bis 80 %
aller neuen Unternehmen bereits in den ersten fünf Jahren
scheitern. Die Aufgabe, bei noch jüngeren Unternehmen
in noch sehr jungen Industrien derartige Wettbewerbsvorteile auszumachen, ist noch um einiges schwieriger.
Einfach weil sich diese Wettbewerbsvorteile erst noch beweisen müssen. Und zwar genau dann, wenn die Zeiten
zunehmend mehr Herausforderungen mit sich bringen,
wenn neue Wettbewerber auftreten, neue disruptive Tech-
nologien am Horizont erscheinen oder einfach auch wirt-
schaftlich schwierigere Situationen kommen.

Dieser Herausforderung können wir aber nicht entge-
hen. Beim *Rule Breakers* Investmentansatz wollen wir ja genau das tun: Wettbewerbsvorteile dann zu erspähen, wenn
sie noch nicht eindeutig und für jeden klar auf der Hand
liegen, wie das ab und an bei bereits etablierten Unternehmen der Fall ist.

Auf vielfältige Art und Weise ist dieses Kriterium eines
Rule Breakers das entscheidende Kriterium. Wachsende
und wichtige Industrien zu finden und dort die Platzhirsche und Pioniere auszumachen, ist auch nicht einfach,
keine Frage. Aber um Wettbewerbsvorteile zu erkennen
muss man schon Einiges an Aufwand betreiben.

Dieser Aufwand lohnt sich aber. Denn selbst Platzhirsche
und Pioniere mit dem gewissen Etwas in aufstrebenden Industrien sind noch Lichtjahre davon entfernt, mit absoluter

Sicherheit enorme Renditen zu garantieren. Nicht nur, weil es sich dabei immer um langfristige Angelegenheiten handelt, sondern weil die Bewertungen solcher Unternehmen meist auch bereits luftige Höhen erreicht haben. Nur diejenigen Unternehmen unter den wenigen infrage kommenden, die wirklich nachhaltige Wettbewerbsvorteile haben, ermöglichen es uns in einigen Jahren, auf die heutige luftige Bewertung zu schauen und zu denken: »Meine Güte, war das damals ein Schnäppchen!«

Ohne solche nachhaltigen Wettbewerbsvorteile werden sich all die Experten freuen, die schon immer gewusst haben: »Dieses Unternehmen ist doch viel zu teuer!«

So kannst du nachhaltige Wettbewerbsvorteile erspüren

Bevor wir uns zu den Wettbewerbsvorteilen begeben, die *Rule Breakers* Kandidaten haben könnten, schauen wir uns zunächst die Vorteile an, die ausgereiftere Unternehmen genießen. Warren Buffett, das Orakel von Omaha, schrieb dazu einst folgendes:

»Der Schlüssel des Investierens ist es nicht zu bemessen, wie stark eine Industrie die Gesellschaft verändern wird oder wie stark eine Industrie wachsen kann, sondern liegt vielmehr darin, die Wettbewerbsvorteile der Unternehmen zu untersuchen, und noch wichtiger, die Dauer dieser Vorteile zu untersuchen. Die Produkte und Dienstleistungen, die tiefe und

standhafte Burggräben um sich herum gebaut haben, sind diejenigen, die die höchsten Renditen für die Investoren bereithalten.«

Die Burggräben, die Buffett anspricht, sind oftmals messbar. Wir können beispielsweise die Kraft einer Unternehmensmarke anhand der Gewinnmarge messen. Für starke Marken kann ein Unternehmen höhere Preise verlangen und so, bei gleichen Kosten, höhere Margen einfahren. Zudem können wir den Erfolg des Managements an der Bilanz ablesen. Die wichtigsten Kennzahlen dabei sind zum einen die Eigenkapitalrendite und zum anderen die Gesamtkapitalrendite. Diese Kenngrößen zeigen an, wie gut (oder schlecht) das Management des Unternehmens die finanziellen Mittel des Unternehmens einsetzt.

Die Eigenkapitalrendite wird errechnet, indem man den Nettogewinn des Unternehmens ins Verhältnis zum Eigenkapital setzt. Ein hoher Wert ist natürlich immer besser als ein niedriger Wert. Denn das heißt, dass das Unternehmen mit geringen finanziellen Mitteln einen hohen Gewinn erzielt hat. Aber Achtung, diese Kennzahl kann durch die Aufnahme von sehr viel Fremdkapital verfälscht werden. Finanziert ein Unternehmen seine Wachstumsprojekte ausschließlich mit Fremdkapital, dann sieht zwar die Eigenkapitalrendite klasse aus, aber nur, weil ein Großteil der erzielten Gewinne auf das eingesetzte Fremdkapital zurückgeht. Eine solche Strategie bringt aber hohe Risiken mit sich, wenn die Margen sinken. Dann drohen enorme Verluste wegen der hohen Finanzierungskosten.

Die Eigenkapitalrendite kann daher trügerisch sein. Deshalb sollten wir zusätzlich die Gesamtkapitalrendite betrachten. Hier wird nicht nur das Eigenkapital, sondern auch das Fremdkapital (z. B. Bankkredite, ausgegebene Anleihen), also das Gesamtkapital, ins Verhältnis zu den erzielten Gewinnen gesetzt. Allerdings nimmt man korrekterweise die Gewinne zuzüglich der Fremdkapitalzinsen, da diese den Fremdkapitalgebern zustehen.

Leider sind die Wettbewerbsvorteile, die *Rule Breakers* Kandidaten besitzen, oftmals noch nicht derart konkret messbar. Manchmal verdienen die infrage kommenden Unternehmen noch gar kein Geld. Die *Rule Breakers* Kriterien enthalten daher auch nicht viele quantitativ messbare Sachverhalte.

So sind wir auch bei diesem Kriterium darauf angewiesen, eher potentielle Wettbewerbsvorteile zu entdecken als Wettbewerbsvorteile, die anhand finanzieller Kennzahlen bereits deutlich sicht- und quantifizierbar sind. Die Frage lautet also: Hat der potentielle *Rule Breakers* Kandidat einen Weg gefunden, langfristig wirkende, nachhaltige Wettbewerbsvorteile aufzubauen, die eine zukünftige Profitabilität sicherstellen?

Gehen wir nochmal zurück zur Eigenkapitalrendite. Obwohl die frühen Wettbewerbsvorteile eines *Rule Breakers* viele verschiedene Formen annehmen können, so gibt es doch drei ultimative Dinge, die solche nachhaltigen Wettbewerbsvorteile ermöglichen und in ihrer Gesamtheit die Eigenkapitalrendite beeinflussen.

1. **Günstige Finanzierungsmöglichkeiten**
Wenn ein Unternehmen sich ausschließlich mit Eigenkapital, also z. B. durch die Ausgabe neuer Aktien finanzieren kann, dann ist eine hohe Eigenkapitalrendite oftmals ein Ding der Unmöglichkeit. Ein Unternehmen muss es schaffen, mit seinem Geschäftsplan auch Banken und andere Fremdkapitalgeber überzeugen, die sich oftmals weniger von großen Träumen und Visionen verführen lassen, sondern auf harte Zahlen stehen.

2. **Das Verhältnis von Anlagevermögen und Umsatz**
Muss ein Unternehmen viel Geld in die Hand nehmen und in unbewegliche Anlagen investieren, um Umsätze zu erzielen, dann sind hohe Eigenkapitalrenditen auch schwer zu erreichen. Es wird einfach zu viel Kapital gebunden, um das Geschäft ins Laufen zu bringen und am Laufen zu halten.

3. **Die Gewinnmarge**
Hat es ein Unternehmen geschafft, mit möglichst wenig Kapitaleinsatz Umsätze zu erzielen, bleibt zu hoffen, dass nach Abzug aller Ausgaben unterm Strich noch etwas übrigbleibt. Wenn die hohen Umsätze von Marketingausgaben, Personalaufwendungen oder sonstigen Aufwendungen aufgefressen werden, dann schrumpft die Eigenkapitalrendite auch sehr schnell zusammen.

Als unternehmensorientierte Investoren können wir diese drei sehr einfach messbaren Kriterien nicht einfach ignorieren. Schauen wir einmal die Eigenkapitalrenditen verschiedener Unternehmen aus dem Jahr 2016 an:

- **Automobilbranche:** BMW: 15,3 % vs. Tesla: -23,1 %
- **Software:** Microsoft: 29,4 % vs. Atlassian: -5,2 %
- **Gesundheitstechnik:** Fresenius Medcial Care: 12,2 % vs. Mazor Robotics: – 34,8 %

Die Zahlen zeigen es deutlich: im Gegensatz zu der Bewertung etablierter Unternehmen (BMW, Microsoft und Fresenius Medcial Care), bei denen die Wettbewerbsvorteile bereits zu hohen Eigenkapitalrenditen geführt haben, müssen wir bei noch sehr jungen *Rule Breakers* Unternehmen (Tesla, Atlassian oder Mazor Robotics) eher danach schauen, wie sie sich entwickeln könnten, nicht welche Entwicklung sie bereits vollzogen haben. Glücklicherweise gibt es einige gute Anzeichen dafür, wenn sich bei noch jungen Unternehmen die Dinge in die richtige Richtung entwickeln.

Weitere Anzeichen

Vier Anzeichen solltest du kennen: Geschäftsmomentum, Patente, visionäre Führungskräfte oder beziehungsweise und unfähige Konkurrenten.

Einmal abgesehen von Patenten sind das nicht gerade die Wettbewerbsvorteile, von denen zum Beispiel Warren Buffett spricht. Außerdem schauen wir beim *Rule Breakers* Ansatz oftmals auf Unternehmen, die noch sehr jung sind. Die Nachhaltigkeit dieser Vorteile lässt sich also nicht anhand von jahrzehntelangen Erfolgen beweisen. Allerdings sprechen wir bei *Rule Breakers* auch nicht von Unternehmen, die Buffett heute kaufen würde. Vielmehr wollen wir die Unternehmen finden und halten, die Buffett vielleicht irgendwann einmal kaufen würde.

Denke einmal an **Starbucks**. Vor nicht allzu langer Zeit war Starbucks ein aufstrebendes kleines Kaffee-Franchise-Unternehmen, das sein Erfolgsrezept von Seattle aus zunächst über ganz Amerika ausbreitete und anschließend in die große weite Welt exportierte. Hier wird der Begriff **Geschäftsmomentum** schnell klar: Je mehr Läden Starbucks eröffnete, umso schneller konnte das Unternehmen wachsen, weil die neuen Läden immer mehr Geld einspielten. Eine Aufwärtsspirale, die sich immer schneller drehte.

Auch wenn es im Nachhinein immer einfach ist, das angeblich Offensichtliche zu erkennen, will ich dennoch einen Blick auf dieses Unternehmen werfen. Denn Starbucks war von Beginn an ein klassischer *Rule Breaker* mit **visionärem Management**, **Geschäftsmomentum** und wirklich **unfähigen**, weil nicht vorhandenen **Wettbewerbern**.

Heute ist Starbucks ein ausgewachsenes Unternehmen mit Wettbewerbsvorteilen, die bei einer Analyse der Gewinn- und Verlustrechnung sowie der Bilanz sofort ins

Auge springen. Das Unternehmen kann es sich trotz noch immer vorhandener Wachstumsmöglichkeiten, die beispielsweise in China auch sehr offensiv angegangen werden, sogar leisten, eine Dividende an die Aktionäre auszuschütten.

Ein anderes Beispiel ist der *Rule Breaker* aller *Rule Breakers*: **Amazon**. Amazon hat den Einzelhandel revolutioniert. Aber, Amazon revolutioniert nicht nur den Einzelhandel, sondern auch das Cloud Computing, die Heimvernetzung und vielleicht noch vieles mehr. Auch wenn das Umsatzwachstum nicht mehr die Größenordnungen der vergangenen Jahre erreicht, so ist es noch immer beachtlich. Ist Amazon nun bereits dem Status eines *Rule Breakers* entwachsen und eher ein etabliertes Unternehmen? In gewisser Weise ja, in gewisser Weise aber eher nein.

Denn, Umsatzwachstum alleine garantiert noch keine hohen Renditen für Investoren. Umsatzsteigerungen allein sind noch kein nachhaltiger Wettbewerbsvorteil. Ja, Wachstum lässt sich abschätzen anhand der Anzeichen künftiger Wettbewerbsvorteile, nämlich einem visionären Management, einem vorhandenen Geschäftsmomentum oder anderen Dingen. Aber erst, wenn ein Unternehmen es schafft, mit den steigenden Umsätze auch hohe Renditen auf das eingesetzte Kapital zu erwirtschaften, können wir sicher sein, dass sich die ersten Anzeichen nicht als Trugschluss erwiesen haben. Und erst dann ist ein Unternehmen dem *Rule Breakers* Status entwachsen. Das macht es aber bei weitem nicht zu einer schlechten Investition.

Um es auf den Punkt zu bringen: Hör besser nicht auf das tägliche Geschwätz darüber, was Aktienkurse nach oben oder unten treibt, welche neuen Produkte in der Pipeline sind oder welche Partnerschaften eingegangen wurden. Wir müssen tiefer graben und bei unseren *Rule Breakers* Kandidaten jeden Stein einzeln umdrehen, um die Anzeichen nachhaltiger Wettbewerbsvorteile zu entdecken, die den Erfolg des Unternehmens und die Rendite der Investoren, sprich unsere Rendite, sichern.

Um das zu tun, müssen wir oftmals etwas kreativer sein und mehr tun, als nur die bekannten Vorteile wie Marken, Softwarestandards, operative Exzellenz oder andere bekannte Dinge abzuklopfen. Das ist mit viel Aufwand verbunden. Aber wirklich! Dieser Aufwand ist notwendig, um die Spreu vom Weizen zu trennen.

Deine Aufgaben zu Lektion 3

- **Grundschule:** Beschreibe bei den von dir entdeckten Pionieren und Platzhirschen die nachhaltigen Wettbewerbsvorteile.

- **Mittlere Reife:** Überlege, ob die genannten Wettbewerbsvorteile auch in fünf Jahren noch vorhanden sein könnten und wie sich diese auf den Umsatz, die Gewinnzahlen sowie die Eigenkapitalrendite in fünf Jahren auswirken könnten.

- **Abitur:** Finde neben den genannten Wettbewerbsvorteilen – Geschäftsmomentum, visionäres Management, Patente und unfähige Wettbewerber – weitere nachhaltige Wettbewerbsvorteile, die junge, vielversprechende Unternehmen haben könnten.

LEKTION 4

Cleveres Management und smarte Unterstützung

Gründer, Unternehmenslenker und smarte Unterstützer machen oft den Unterschied

Die Namen Jeff Bezos (Amazon) und Reed Hastings (Netflix) sind auf der ganzen Welt bekannt. Und das liegt nicht daran, dass diese Gründer und Unternehmenslenker den gleichen Weg eingeschlagen haben wie jeder andere.

Tatsächlich haben sie genau das Gegenteil davon getan.

Während der amerikanische Filmverleih-Gigant »Blockbuster« seine Kunden mit hohen Mahngebühren für die verspätete Rückgabe ausgeliehener Filme frustriert hat, entwickelte Reed Hastings ein komplett neues Modell: Videos konnten auf dem Postweg ausgeliehen werden, und das erlaubte es seinen Kunden, einen Film so lange zu behalten, wie sie wollten. Hastings hat dieses neue Video-Verleihmodell dann selbst zerschossen, indem er mit Netflix das Online-Streaming von Filmen voranbrachte.

Seine »schnell umsetzbaren« Ideen schufen ein 62 Milliarden US-Dollar schweres Unternehmen, das heute Kunden auf der ganzen Welt hat.

In der Zwischenzeit nahm Jeff Bezos ein trügerisch simples Produkt (Bücher!) und nutzte es als Haupttrasse für die Entwicklung des heute weltweit führenden eCommerce Anbieters. Während die Konkurrenz Amazon als »nur Buchhändler« einfach übersahen, verfolgte Bezos seine Vision eines Online-Supermarktes der ..., nun ja, eigentlich alles verkaufen konnte.

Heute vertreibt das rund 700 Milliarden US-Dollar schwere Unternehmen Amazon.com so ziemlich alles, was du dir vorstellen kannst. Außerdem heimst das Unternehmen ziemlich viel Geld ein; für 2017 meldete Amazon einen Umsatz in Höhe von 177,9 Milliarden US-Dollar.

Gründer wie Reed Hastings und Jeff Bezos, die anders denken und eine Vision davon haben, was sein könnte, sind genau die Führungspersönlichkeiten, nach denen du Ausschau halten solltest. Dies sind die Führer, die die Tausendprozenter aufbauen können, nach denen wir suchen.

Und daher sind herausragende Manager ein weiterer Schlüssel für den Erfolg von *Rule Breakers* Kandidaten. Aber was heißt herausragend? Wir sind der Meinung, dass es insbesondere sieben Kerneigenschaften sind, die herausragende Manager allesamt vereinen:

1. kühn
2. visionär
3. flexibel
4. mit Sinn fürs Marketing
5. verlässlich
6. kommunikativ
7. anpassungsfähig

Natürlich ist es schwer, zu prüfen, ob eine Person diese Eigenschaften hat, die man persönlich nicht kennt und die man, wenn überhaupt, nur vergleichswese selten in der Öffentlichkeit sieht.

Tatsächlich gibt es aber vielfältige Möglichkeiten, den Managern eines Unternehmens auf den Zahn zu fühlen – auch aus der Ferne. Denk nur einmal an die veröffentlichte Unternehmensvision oder -mission. Möglich ist eine Einschätzung auch bei Telefonkonferenzen zu den Quartalszahlen, bei Jahrespressekonferenzen, anhand von Artikeln über sie oder Interviews mit ihnen. Auch die bisherigen Leistungen eines Managers sprechen eine klare Sprache.

Mittlerweile ermöglichen es auch Bewertungsportale wie Glassdoor oder kununu, sich einen umfassenden Eindruck zu verschaffen. Dort findest du massenweise Bewertungen zu wichtigen Managern.

Natürlich kann man sich es bei diesem Kriterium auch einfach machen. Denn wenn ein Unternehmen bisher alle Kriterien erfüllt, also in einer wichtigen und wachsenden

Industrie ein Pionier oder Platzhirsch mit dem gewissen Etwas ist und einen nachhaltigen Wettbewerbsvorteil besitzt, dann ist es sehr wahrscheinlich, dass dieses Unternehmen von einem herausragenden Manager geführt wird. Ansonsten wäre es nicht so weit gekommen. Dennoch lohnt der Extra-Blick auf das Management, um sicherzustellen, dass Manager am Ruder sind, die diese ganzen positiven Aspekte auch weiterhin gewährleisten.

Schauen wir uns die oben genannten sieben Kriterien eines herausragenden Managers also einmal im Detail an.

Die sieben Kriterien
eines herausragenden Managers

Die Manager von echten *Rule Breakers* Unternehmen sind *kühn* und unkonventionell. Sie scheuen sich nicht, die Dinge anders anzugehen und dafür heftige Kritik einzustecken. Beispiele für Manager von *Rule Breakers* Unternehmen lassen sich hierfür sehr schnell finden.

Wir können aber auch ein anderes Beispiel heranziehen. Warren Buffett ist wohl das allerbeste Beispiel für unkonventionelle Unternehmensführung. Während andere Investmentgesellschaften massenhaft Analysten einstellen, Robo-Advisor zu Rate ziehen, war Buffett lange Zeit eine Ein-Mann-Show, oder, wenn man seine rechte Hand Charlie Munger mit hinzunimmt, eine Zwei-Mann-Show. Und während die Haltedauern bei vielen Investoren, oder besser gesagt Spekulanten, mit den Jahren immer kürzer wurden, blieb Buffett seinem Stil möglichst langfristiger Investments treu. Das Ergebnis? Ein gigantisches Vermögen! Neben der unkonventionellen Vorgehensweise sind *Visionen* eine kritische Eigenschaft von herausragenden Managern. Tesla- und SpaceX-Gründer Elon Musk wird von vielen vergöttert. Genauso viele (oder mehr?) verspotten ihn aber auch als Mann mit großen Visionen, aber einem Mangel an Taten. Was man ihm aber keineswegs absprechen kann sind große Träume und Visionen. Er möchte mit Tesla nicht nur den ersten vollintegrierten Anbieter für Elektroautos aufbauen, sondern nebenbei auch die Energiebranche mit Solarmodulen und Speicherlösungen revolutionieren. Nebenbei führt er ein zweites Unternehmen, SpaceX, mit dem er mit wiederkehrenden Raketen Menschen zum Mars schicken möchte.

Auch Jeff Bezos gilt als großer Visionär, wird aber genauso oft als Mann ohne Gewinne belächelt. Aber Bezos hatte eine Vision: Er möchte der Welt einfach alles verkaufen. Bereits in der ersten Veröffentlichung nannte er Amazon den »Everything Store«. Wer Amazon heute anschaut, erkennt schnell: Einen guten Teil davon hat er geschafft. Aber es gibt weitere Dinge, die er angehen möchte. Dieser Mann hat noch immer große Visionen.

Neben einer großen Vision ist aber auch *Flexibilität* gefragt. Gemeint ist die Flexibilität, eine einmal gefällte Entscheidung rückgängig zu machen und neu zu überdenken, wenn es augenscheinlich nicht funktioniert. Ein gutes Beispiel ist dafür die Hotel-Metasuchmaschine Trivago. Begonnen hat das Unternehmen so wie viele andere, es ging dann aber über zu einem Cost-per-Click-Ansatz und optimierte diesen immer weiter, um für seine Kunden, die Hotels und Online-Reiseportale, Transparenz herzustellen und gegenseitiges Vertrauen zu schaffen.

Das wichtigste aber ist der *Sinn für den Markt und das Marketing*. Ein Manager muss seinen wachsenden Markt besser verstehen als die Konkurrenten, um sein junges Unternehmen zum Erfolg zu führen oder um sein etabliertes Unternehmen vor heranrückenden Wettbewerbern zu schützen. Ein Unternehmen muss es schaffen, Kunden von seinen Produkten und Leistungen zu überzeugen. Dafür muss es eine klare und eindeutige Marketingbotschaft haben. Daher solltest du auch nach CEOs suchen, die solche Botschaften formulieren können. Oftmals findet man diese Ansätze bereits in der oben erwähnten Unternehmensmission oder -vision. Ein gutes Beispiel für eine klare und marktgerichtete Ansage ist Facebook, trotz des jüngsten Datenskandals. Die Vision des Unternehmens lautet:

»Menschen nutzen Facebook, um mit Freunden und ihrer Familie in Kontakt zu bleiben, zu entdecken, was in der Welt vor sich geht, und das zu teilen und auszudrücken, was sie bewegt.«

Diese Vision dient als Leitplan für die tägliche Arbeit der unzähligen Facebook-Mitarbeiter rund um den Globus:

»Wir definieren unseren Markt weltweit, es geht darum, Menschen zu vernetzen und ihnen die Möglichkeit zu geben, sich zu informieren und auszudrücken.«

Manager müssen aber auch *verlässlich* und *kommunikativ* sein. Entsteht bei öffentlichen Auftritten des Managements der Eindruck, dass Probleme, Fehler und Herausforderungen unter den Teppich gekehrt werden? Oder geben die Vorstände ständig anderen, nicht beeinflussbaren Faktoren die Schuld? Dann handelt es sich nicht um das beste Management. Wenn Manager hingegen die Herausforderungen, die Fehler, die ihnen unterlaufen sind, und die Reaktionen darauf von sich aus in aller Offenheit ansprechen, dann ist das ein sehr gutes Zeichen.

Die letzte Eigenschaft, die ein herausragender Manager mitbringen muss, ist die Fähigkeit, die Evolution seines Unternehmens zu meistern. Diese Fähigkeit wird vor allem dann wichtig, wenn die frühen Jahre eines *Rule Breakers* mit wahnsinnigen Wachstumsraten vorbei sind und das Unternehmen größer und größer wird. Oftmals sind unterschiedliche Managementtypen für diese unterschiedlichen Herausforderungen gefragt. Das gilt auch, wenn wir es lieber sehen würden, dass ein Manager sich weiterentwickelt und es auch schafft, nach Jahren des schnellen Wachstums ein etabliertes Unternehmen zu führen. Aber wir sehen es auch gern, wenn ein Management für eine solche Evolution vorsorgt und zur richtigen Zeit die richtigen Manager einstellt bzw. das Managementteam entsprechend erweitert.

So erfährst du mehr über das Management

Wie zu Beginn dieser Lektion bereits beschrieben, ist es nicht einfach, einen unverzerrten Eindruck vom Managementteam zu erhalten. Es kommt nicht oft vor, dass man die Top-Manager zufällig im Café trifft und mit ihnen ins Gespräch kommt. Daher müssen andere Wege gefunden werden. Keine Sorge, es gibt eine Menge anderer, sehr einfacher Wege, etwas über das Management zu erfahren. *Foolishe* Investoren können beispielsweise folgende Dinge tun:

- Erkundige dich nach den vergangenen Erfolgen des Managers.
- Lies die Mission des Unternehmens.
- Höre bei den regelmäßigen Telefonkonferenzen rein.
- Suche vergangene Artikel über die Führungspersonen.
- Tausche dich mit anderen Investoren auf Diskussionsforen aus.
- Ruf beim Investor-Relations-Team an und prüfe, wie das Unternehmen mit seinen Aktionären umgeht.

Auch wenn das Management-Team von einigen *Rule Breakers* Kandidaten noch recht jung ist und wenig Erfahrungen vorweisen kann, so lässt sich dennoch in Erfahrung bringen, was diese Leute davor gemacht haben, was sie bisher erreicht haben, woran sie bisher gescheitert sind. Aus diesen Informationen kannst du vor allem in Erfahrung bringen, wie flexibel und kühn Manager sind. Um einen Eindruck von der Visionskraft eines Managers zu bekommen, hilft es oftmals, die Mission und Vision des Unternehmens zu betrachten. Diese Statements sind entweder auf der Unternehmenshomepage veröffentlicht oder sie sind im Geschäftsbericht abgedruckt. Ein hervorragendes Beispiel haben wir weiter oben schon kennengelernt. Natürlich gibt es viele weitere dafür. Interessierst du dich für die Mission und die Vision eines Unternehmens, dann findest du diese meist in den Jahresabschlüssen.

Um die Verlässlichkeit und Kommunikationsfähigkeit zu prüfen, kannst du dich in die telefonischen Jahrespressekonferenzen einwählen oder anderen Telefonkonferenzen zuhören. Oder du suchst im Internet nach in der Vergangenheit veröffentlichten Artikeln über die jeweilige Person. Sprich auch mit anderen Investoren oder schicke eine E-Mail an das Investor-Relations-Team des Unternehmens. Aus den Antworten kannst du einiges darüber erfahren, wie offen und ehrlich ein Unternehmen agiert. Eine gute Frage für einen schnell wachsenden *Rule Breaker* wäre zum Beispiel:

»Wie möchte das Unternehmen den Schwenk von einem schnell wachsenden *Rule Breaker* (das musst du wahrscheinlich erklären) hin zu einem ausgewachsenen, etablierten und konstant wachsenden Unternehmen schaffen?«

Smarte Unterstützung

Natürlich kann das Managementteam nicht alles richten. Denn in einer Aktiengesellschaft stehen über dem Managementteam noch immer ein Aufsichtsrat und natürlich die Eigentümer des Unternehmens – die Aktionäre.

Vor allem junge und schnell wachsende Unternehmen profitieren von cleveren Leuten in diesen Gremien. Halte also auch Ausschau danach, welche Personen mit welchen Kontakten im Aufsichtsrat sitzen und von wem das Unternehmen vor dem Börsengang finanziert wurde. Namhafte Risikokapitalgeber als erste frühe Geldgeber garantieren natürlich keine Erfolge, sie sind aber sicherlich kein schlechtes Zeichen für die künftigen Erfolgsaussichten.

Große (internationale Namen) sind Mayfield, ein Beteiligungsfonds, der etwa bei Amgen sehr früh dabei war, oder Kleiner Perkins Caufield & Byers. Dieses letztgenannte Unternehmen hat zwar als Risikokapitalgeber einen grauenvollen Namen, aber es hatte schon ganz zu Beginn einen Fuß in der Tür bei Amazon, Electronic Arts, Google und Twitter. Die Analysten in diesen Unternehmen haben einen sechsten Sinn dafür, welche Geschäftsmodelle Erfolg versprechen und welche nicht. Außerdem können die Kontakte dieser Leute die eine oder andere Türe öffnen.

Du kannst übrigens ganz einfach herausfinden, ob ein Risikokapitalgeber an einem Unternehmen beteiligt ist oder war und um welchen es sich dabei handelt. Dazu genügt ein Blick in den Börsenprospekt, welchen jedes

Unternehmen vor dem Börsengang veröffentlichen muss (bei Unternehmen, die an amerikanischen Börsen gelistet sind, nennt sich das Form S-1 oder »definitive proxy statement«, Form DEF 14A).

Natürlich sind nicht nur Mitarbeiter von erfolgreichen Risikokapitalgebern hilfreich für junge *Rule Breakers*, auch namhafte Personen aus anderen Unternehmen oder Privatpersonen im Aufsichtsrat können ein Türöffner sein und den Erfolg eines Unternehmens beeinflussen. Die Zusammensetzung des Aufsichtsrats findest du auf der Unternehmenswebsite oder im Jahresabschluss. Die Fragen, die du dir bei der Betrachtung stellen solltest, sind unterschiedlich. Ein schlechtes Zeichen wäre aber, wenn der Aufsichtsrat ausschließlich aus Familienmitgliedern oder alten Kumpels des Vorstands besteht. Ein gutes Zeichen sind dagegen Mitglieder mit unterschiedlichem Hintergrund und vor allem erfolgreiche Gründer oder Geschäftsleute.

Sei wachsam

Auch wenn ich eingangs geschrieben habe, dass in der Regel Unternehmen, die alle anderen Zeichen eines *Rule Breakers* aufweisen, auch gute Manager haben, muss das nicht immer der Fall sein. Gutes Management ist aber ein absolutes Muss-Kriterium. Ein Unternehmen ohne visionäres Management ist kein *Rule Breaker*. Schau dir den Vorstand und Aufsichtsrat also sehr genau an. Die falschen

Führungskräfte können ein Unternehmen, bei dem ansonsten alles zu stimmen scheint, an die Wand fahren. Insbesondere schnell wachsende *Rule Breakers*, die etablierte Unternehmen herausfordern, brauchen ein Management, das seine Mitarbeiter mit einer klaren Vision und mit seinen kommunikativen Fähigkeiten motivieren kann – auch und vor allem dann, wenn die Zukunft ungewiss erscheint und dunkle Wolken am Horizont aufziehen. Wir suchen nach Managern, die in der Lage sind, sich den schnell ändernden Marktbedingungen anzupassen. Ohne das alles werden *Rule Breakers* nicht überleben. Auch wenn es schwer einzuschätzen ist, handelt es sich dabei dennoch um ein entscheidendes Kriterium. Wir sollten diese Prüfung also nicht als zu schwer abtun und überspringen.

Eine erste Möglichkeit, dich an diese Schwierigkeit zu wagen, bieten dir aber unsere bekannten drei Prüfungen. Wie immer beginnt es vergleichsweise einfach; die letzte Aufgabe hat es aber in sich.

Deine Aufgaben zu Lektion 4

- **Grundschule:** Schreibe aus deinem Gedächtnis die drei Manager auf, die dir als erstes in den Sinn kommen. Teile diese nach dem Gefühl in gute und schlechte Manager.

- **Mittlere Reife:** Nimm dir von den genannten Managern die herausragenden vor und suche nach allem, was du über sie findest. Entscheide dann, ob es entsprechend dieser Informationen immer noch gute Manager sind. Nutze dabei die oben genannten Kriterien. Höre dir mindestens eine Telefonkonferenz mit einem dieser Manager an.

- **Abitur:** Nimm die Manager, die du dir aus den beiden vorherigen Lektionen aufgeschrieben hast. Recherchiere alles, was du zu diesen Leuten finden kannst, schreibe zu jedem Kriterium auf, was dafür spricht, dass dieser Manager eine der gewünschten Eigenschaften besitzt. Suche aber auch nach Anzeichen dafür, dass er die betreffende Eigenschaft nicht aufweist. Küre den aus deiner Sicht herausragendsten Manager unter allen, die du dir vorgeknöpft hast.

LEKTION 5

Hohe Attraktivität
für den Kunden

Anziehend wirken, Gewohnheiten schaffen, Profite kreieren, für den eigenen Schutz sorgen

Bei ansonsten exakt gleichen Voraussetzungen wird das Unternehmen erfolgreicher sein, das sein Logo und seinen Schriftzug einprägsamer in das Gehirn der Kunden brennt als das andere. Eine starke Marke führt zu Aufmerksamkeit, zu Kaufgewohnheiten, zu vermehrten Gewinnen und zu einem Burggraben, der vor Konkurrenz schützt.

In aller Kürze wäre das alles, was du zu Lektion Nummer 5 wissen musst. Es lohnt sich aber, mehr darüber zu erfahren.

Was ist denn überhaupt eine Marke?

Die einfachste Erklärung ist ein bekannter Name und ein bekanntes Logo. Das ist sicherlich keine schlechte, weil sehr einfache Definition. Wie wir bereits bei den nachhaltigen Wettbewerbsvorteilen feststellen mussten, so ist es auch bei der Marke so, dass die Bekanntheit sich bei jungen *Rule Breakers* Unternehmen oftmals erst noch entwickeln muss und noch nicht voll ausgeprägt ist. Auch hier geht es manchmal also auch eher um etwas, was in Zukunft einmal sein könnte und nicht so sehr darum, was jetzt schon zu sehen ist.

Jedes Jahr veröffentlicht Interbrand, ein Marktforschungsunternehmen aus den USA, eine Studie über die Top-Marken des jeweiligen Jahres. Unter den Top 5 sind im Jahr 2017 die folgenden Unternehmen oder Marken:

1. Apple
2. Google
3. Microsoft
4. Coca-Cola
5. Amazon

Allesamt handelt es sich um wohlklingende Namen, aber auch um Unternehmen, deren Anteile schon sehr lange auf dem Börsenparkett gehandelt werden. Schaut man sich die jährlichen Renditen der betreffenden Aktien an, dann lässt sich erkennen: Die Markenbekanntheit hat sich auch für die Investoren ausgezahlt. Alle genannten Unternehmen haben die Entwicklung des S&P 500 seit Börsendebut deutlich übertroffen. Schau es dir in Tabelle 2 an.

Unternehmen	Börsengang	Preis beim Börsengang	Aktueller Kurs	Vervielfachung	Vervielfachung S&P 500	Rendite auf Jahresbasis	Rendite S&P auf Jahresbasis
Apple	12. Dez 80	0,27*	169,98	620,4 x	41,3 x	20,1 %	11,2 %
Alphabet (Google)	19. Aug 04	50,17	1.034,66	20,6 x	4,6 x	25,7 %	12,2 %
Microsoft	13. Mrz 86	0,06	82,53	1278,1 x	21,5 x	25,3 %	10,2 %
Coca-Cola	02. Jan 68 **	0,18	45,46	250,7 x	52,3 x	11,7 %	8,3 %
Amazon	15. Mai 97	1,96	1.126,31	575,1 x	6,0 x	36,3 %	9,1 %

* bei CapitalIQ, sind Daten nur ab 4. Oktober 1982 verfügbar
** Börsendebut war bereits im Jahr 1919, die verfügbaren Daten reichen aber nur 50 Jahre zurück

Tabelle 2: Entwicklung der Top-5-Markenunternehmen im Vergleich zum S&P 500, Datenquelle: CapitalIQ

Natürlich sind vergangene Erfolge keine Garantie für künftige Erfolge. Aber diese Auflistung lässt erahnen, dass auch künftig Unternehmen mit den bekanntesten Marken die besseren Chancen auf hohe Renditen haben.

Aber wie bereits erwähnt: Beim *Rule Breakers* Investmentansatz geht es weniger darum, die bekanntesten Marken der heutigen Zeit zu finden, sondern in junge Unternehmen zu investieren, die in einigen Jahren unter den bekanntesten Marken landen werden.

Wir fragen uns daher in der fünften Lektion: Welches Unternehmen hat gute Chancen, eine Marke aufzubauen, die in einigen Jahren aus den Köpfen der Konsumenten nicht mehr wegzudenken ist? Welche Unternehmen schaffen es, sich derart in den Alltag einzuschleichen, dass der Markenname zum Synonym eines bestimmten Tuns wird. Welche Phrase wird zum nächsten: »Ich muss das mal googeln« oder »Gib mir mal ein Tempo«? Genau diese Unternehmen sind es, bei denen die Wahrscheinlichkeit für überdurchschnittliche Renditen in den kommenden Jahren am höchsten ist.

Wo finden wir solche Unternehmen?

Ein Unternehmen, welches direkt an Konsumenten verkauft, hat natürlich eine viel größere Chance, seinen Markennamen und Schriftzug in das Hirn und das Gedächtnis von Millionen von Menschen auf der ganzen Welt einzubrennen. Im Gegensatz dazu haben Unternehmen, die Geschäfte mit anderen Unternehmen machen (B-t-B) natürlich viel weniger Kunden und daher geringere Chancen, im genannten Interbrand Ranking ganz nach oben zu kommen.

Heißt das nun, dass B-t-B-Unternehmen nicht gut genug sind für dein hart verdientes Geld? Nein! Aber es bedeutet, dass Investoren bei B-t-B Unternehmen noch einen Tick skeptischer sein sollten. Vor allem dann, wenn es eine Alternative gibt, die direkt an den Endkunden, also auch an uns verkauft. Wenn zwei Unternehmen an sich exakt gleich wären, dann wäre das Unternehmen, das bei Dutzenden Millionen unterschiedlicher Kunden bekannt ist und mit ihnen Geschäfte macht, deutlich stabiler und mächtiger als ein Unternehmen, welches »nur« Beziehungen zu einigen Tausend Kunden pflegt.

Kommen wir zurück zu der Frage, wie man potenzielle Top-Marken bereits früh erkennen kann. Auch hier kann man sich als Investor weniger auf harte Zahlen stützen. Vielmehr sind es wieder qualitative Kriterien, die es zu bewerten gilt. Um es einfach zu halten, kann man die Anzeichen in einem Satz zusammenfassen:

• • • • • • • • • •

»Es geht um einen einfachen, im Gedächtnis haftenden Namen, der von einem Unternehmen geführt wird, das versucht, diesen Namen allgegenwärtig zu machen und ihn einfach positiv zu besetzen.«
• • • • • • • • • •

Ein weiterer Ansatz ist das Verständnis von Harry Beckwith (Autor des Buches: *Selling the Invisible*):

• • • • • • • • • •

»Die Marke ist ein Versprechen, das ein Unternehmen seinen Kunden gibt und welches es jeden Tag aufs Neue erfüllen muss.«
• • • • • • • • • •

Diese Fokussierung auf den Kunden und seine Ansprüche ist der entscheidende, wenn auch gerade nicht naheliegende Weg, das Potenzial einer *Rule Breakers* Marke zu erkennen. Unternehmen, die sich derart darauf fokussieren, haben deutlich höhere Chancen, starke und bekannte Markennamen zu entwickeln.

Was bringt ein Markenname?

Wenn wir uns von der Marke lösen und zum Begriff »hohe Attraktivität für den Kunden« kommen, dann ist die Marke dennoch das Zentrum dieses Ansatzes. Denn: Je höher die Attraktivität für den Kunden, desto besser: mehr Aufmerksamkeit, mehr Gewohnheit, mehr Schutz vor Konkurrenten und letztliche höhere Profite. Die einzigartige Funktion einer Marke führt zu genau diesen vier zentralen Punkten:

1. Großartige Marken ziehen die **Aufmerksamkeit** der Kunden auf sich. Ein bekannter, einprägsamer Name zieht Kunden durch Mundpropaganda an. Ein Unternehmen mit einer weniger bekannten Marke muss die Aufmerksamkeit von Kunden hingegen oft mit teuren Marketing-Kampagnen erkaufen.

2. Großartige Marken lassen **Gewohnheiten** entstehen durch die konsistente Erfüllung der von Beckwith beschriebenen Versprechungen an die Kunden. Produkte von diesem Unternehmen zu kaufen oder Dienstleistungen von diesem Unternehmen zu beziehen wird zur Gewohnheit, weil die Erwartungen des Kunden tagein tagaus erfüllt oder gar übertroffen werden.

3. Großartige Marken versprechen **höhere Gewinnmargen**. Aufgrund der beschriebenen Gewohnheiten und aufgrund der Aufmerksamkeit können Unternehmen mit starken Marken ihre Leistungen und Produkte zu höheren Preisen verkaufen als Konkurrenzunternehmen mit weniger bekannten Marken. Und je mehr Umsätze erzielt werden, umso geringer werden die Kosten pro Produkt/Dienstleistung aufgrund von Fixkostenvorteilen. Das führt ebenfalls zu höheren Margen.

4. Großartige Marken **beschützen** Unternehmen vor Wettbewerbern, da andere Unternehmen sich schwer tun werden, mit einer starken Marke zu konkurrieren. Denn ihnen fehlt ganz einfach die Aufmerksamkeit, bei ihnen kauft noch niemand aus purer Gewohnheiten, und deshalb weisen sie auch nicht die Profitabilität auf, wie Unternehmen mit starken Marken sie haben.

Diese vier Kriterien in Summe erklären die überlegene Performance von Unternehmen mit starken Marken.

Aber nun zur Praxis. Was wäre ein besseres Beispiel für eine starke Marke als McDonald's – im Interbrand Markenranking derzeit immerhin auf Platz 12?

McDonald's zieht weltweit mit seinem markanten und bekannten Logo tagtäglich eine Vielzahl von Kunden an. Leute, die die Türen eines McDonald's-Restaurants öffnen, haben dabei eine Erwartung:

Das Essen soll genau so schmecken wie immer. Und zwar an jeder Autobahnraststätte, in jeder Innenstadt, überall auf der Welt soll mir ein BigMac serviert werden, von dem ich weiß, was ich daran habe.

McDonald's schafft Gewohnheiten, indem das Unternehmen die vorhandenen Erwartungen tagtäglich auch erfüllt. Und da das Unternehmen mit Mahlzeiten und Snacks ein Bedürfnis erfüllt, das jeder von uns mehr als einmal am Tag hat, ist McDonald's für eine unvorstellbar große Zahl von Kunden relevant. Die Marke McDonald's führt zu einer unvergleichbar hohen Profitabilität. Von einer vergleichbaren Profitabilität können viele Tech-Unternehmen nur träumen. Die Marke McDonald's schützt das Unternehmen schon seit Jahrzehnten vor möglichen Konkurrenten. Schon viele zunächst schnell wachsende Fast-Food-Ketten haben das am eigenen Leib erfahren und sich an McDonald's die Zähne ausgebissen. Als Investoren sollten wir einen großen Fokus auf die Marke(n) eines Unternehmens legen, denn die Korrelation zu überdurchschnittlichen Renditen ist nicht von der Hand zu weisen.

Und was ist mit B2B-Unternehmen?

Wir müssen Marken von unterschiedlichen Unternehmen auch unterschiedlich bewerten. Für eine Online-Plattform ist die Wiedererkennbarkeit der Marke um einiges bedeutender als für ein Biotech-Unternehmen.

Wenn du aber solche Unternehmen bewertest, dann sollten dir zwei Dinge bewusst sein:

1. Du gibst deinen »Heimvorteil« als Konsument auf.
2. Du musst die Marke des Unternehmens in einem anderen Licht betrachten.

Eine Marke ist nicht nur für konsumentenorientierte Unternehmen wichtig, sondern auch für andere. Allerdings zählt für Unternehmen, die mit anderen Unternehmen Geschäfte machen, auch die Meinung dieser anderen Unternehmen und eben nicht *deine* und *meine* Meinung. Es gilt einfach zu erkennen, in welcher Art und Weise die jeweilige Marke wichtig ist.

Vergiss dabei auch nicht, dass selbst B2B Unternehmen eine hohe Bekanntheit unter den Konsumenten erreichen können. Denk einmal an Cisco (immerhin auf Platz 16 bei Interbrand). Das Unternehmen wird aufgrund seiner Größe, seiner Verlässlichkeit und auch seiner Qualität nicht nur von den Unternehmen geschätzt, mit denen es Geschäfte macht, sondern auch von den Konsumenten, die schlussendlich, in welcher Form auch immer, die jeweiligen Produkte nutzen.

Schlussendlich will jedes Unternehmen, sei es nun Coca-Cola oder Cisco, eine Marke, einen Schriftzug und ein Logo, die allesamt auf der ganzen Welt bekannt sind und wertgeschätzt werden. Wenn du nur eines aus dieser Lektion mitnehmen solltest, dann Folgendes:

Eine Marke wirkt anziehend, schafft Gewohnheiten, schafft Gewinne und schützt das betreffende Unternehmen vor Wettbewerbern.

Diese Dinge wollen alle Unternehmen erreichen und sie sind auch eine gute Basis für außergewöhnliche Renditen für uns als Investoren.

Nun bist aber wieder du an der Reihe. Mit unseren drei Aufgaben kannst du das gerade eben Gelesene in der Praxis anwenden.

Deine Aufgaben zu Lektion 5

- **Grundschule:** Schreibe die deiner Meinung nach wertvollsten Marken auf und suche nach der Position und dem Wert dieser Marken in der Interbrand-Markenrangliste (www.interbrand.com.)

- **Mittlere Reife:** Welche Eigenschaften dieser Marken »wirken anziehend, schaffen Gewohnheiten, schützen vor Wettbewerbern und sorgen für Profite«?

- **Abitur:** Nimm Unternehmen, die du in den vorherigen Lektionen als *Rule Breakers* identifiziert hast, die aber in der Interbrand Markenrangliste noch nicht vertreten sind. Prüfe, ob die Marken des Unternehmens es irgendwann einmal unter die Top 100 schaffen könnten.

LEKTION 6

Ist das betreffende Unternehmen angeblich überbewertet?

Warum es oft noch nicht zu spät ist!

Stopp, sind wir uns hier wirklich sicher? Wir suchen Unternehmen, die angeblich überbewertet sind? Ja, richtig, genau das tun wir!

Dies ist eine der faszinierendsten Arten von finanziellem Jiu-Jitsu, der ich jemals begegnet bin. Kurz gesagt: Um Tausendprozenter zu finden, musst du oft nach den Aktien Ausschau halten, welche die Presse und die Mehrzahl der Finanzprofis für überbewertet halten.

Ich weiß, das klingt vielleicht ein wenig seltsam. Doch lass mich das erklären.

»Überbewertet« ist eine Bezeichnung, die häufig von faulen Investoren benutzt wird. Statt in die Tiefe zu analysieren, viel über eine Firma herauszufinden oder die langfristige Chance in Erwägung zu ziehen, benutzen faule Investoren sehr vereinfachte Berechnungen des Kurs-Gewinn-Verhältnisses (KGVs). Wenn das KGV ein bestimmtes Level überschreitet – etwa den Wert 15 oder 20 oder 30 – dann schreien sie:

»Überbewertet!!!«

Das Problem damit ist einfach: Unternehmen unterscheiden sich grundlegend voneinander, und ein KGV kann bei der einen Firma bedeuten, dass sie tatsächlich stark überbewertet ist, während ein anderes Unternehmen mit dem gleichen KGV absolut unterbewertet ist.

Warum uns das Kurs-Gewinn-Verhältnis in die Irre führt

Um es noch besser zu verdeutlichen: Stell dir einmal zwei Firmen vor, die beide zu einem KGV von 20 gehandelt werden. Sind sie unterbewertet oder überbewertet? Einige Investoren haben an diesem Punkt reflexhafte Reaktionen und sagen das eine oder das andere. Doch was sagen *Foolishe* Investoren? Nun, sie sagen wahrscheinlich:»Das sind viel zu wenige Informationen, um eine Entscheidung zu treffen.«

Wie wäre es, wenn ich bei Firma Nr. 1 hinzufügen würde, dass die Eigenkapitalrendite bei 6,5 % liegt und dass die Erträge in den letzten fünf Jahren um 3 % pro Jahr gestiegen sind? Das Unternehmen stellt einfache Stahlschrauben und Nägel her. Das Management-Team ist weitestgehend zufrieden damit und hat keine darüberhinausgehenden Erwartungen.

In der Zwischenzeit hat die zweite Firma eine Eigenkapitalrendite von 27 %, und die Erträge sind in den letzten fünf Jahren um 25 % gestiegen. Diese Firma hat ein Geschäft mit Bio-Lebensmitteln aufgebaut, das in ganz Europa und Nordamerika hochgelobt wird für den Geschmack seiner Produkte und deren Umweltverträglichkeit. Konsumenten lieben die Lebensmittel, und die Marke ist extrem bekannt und sehr anerkannt. In großen Städten wie New York und Paris siehst du sogar Menschen, die dort freiwillig mit T-Shirts herumlaufen, auf denen das Logo der Firma abgebildet ist.

Wenn wir all dies berücksichtigen, dann ist leicht zu erkennen, dass das gleiche KGV von 20 bei der einen Firma bedeutet, dass sie überbewertet ist, während die zweite bei einem KGV in gleicher Höhe wahrscheinlich unterbewertet ist.

Wenn du das einmal verstanden hast, dann kannst du auch nachvollziehen, wo wir unserer Überzeugung nach einen riesigen Vorteil gegenüber anderen Investoren haben. Wenn die Medien und diverse faule Investoren ihre Hausaufgaben nicht machen und ein hochprofitables, schnell wachsendes Unternehmen »überbewertet« nennen, nur weil das KGV bei 20 liegt, dann eröffnet uns das die Möglichkeit, eine Aktie zu kaufen, die trotz eines hohen KGVs möglicherweise unterbewertet ist.

Netflix wurde immer und immer wieder als »überbewertet« bezeichnet. Wenn du nur auf das KGV einer Firma schaust, dann ist es leicht, zu verstehen, warum das passiert. Im Jahr 2007 wurden die Netflix-Aktien sogar bei einen KGV von 37 gehandelt. 2006 lag das durchschnittliche KGV bei über 40. Doch wie ich eingangs schon erwähnt habe, ist der Kurs von Netflix von 2007 bis 2017 um 3.200 % in die Höhe geschossen.

Indem faule Investoren Netflix kontinuierlich als »überbewertet« bezeichnen, helfen sie dabei, den Aktienkurs über die Zeit zu drücken und die Firma für die Investoren, die die zukünftigen Gelegenheiten und das Potenzial dieser Firma sehen, auf einem unterbewerten Niveau zu halten.

Das führt uns zur ersten Erkenntnis in dieser Lektion: **Über- oder Unterbewertungen sind nur im Nachhinein offensichtlich!**

Wie du den Markt sehen solltest

Ein guter Ansatz besteht einfach darin, die Begriffe unter- oder überbewertet zu vermeiden. Der Markt ist nicht unter- oder überbewertet, sondern bewertet. Alle Aktien sind bewertet. Aber was ist der Wert? Öffne deinen Internetbrowser und suche nach dem Aktienkurs eines Unternehmens, das ist der Wert. Schau nach dem DAX-Stand, genau das ist der Wert.

Ich weiß, Warren Buffett sieht das etwas anders, denn er unterscheidet zwischen Preis und Wert. Wenn ich mir erlauben darf, diese Unterscheidung etwas zu verfeinern, dann würde ich zweimal den Begriff Wert verwenden, den Wert heute und den Wert in der Zukunft. Der Wert heute (Buffett nennt es Preis) wurde und wird durch den Markt festgelegt. Der Kurs jedes einzelnen Unternehmens wird durch die kollektive Einschätzung aller Marktteilnehmer bestimmt. Und das heißt wirklich alle: Bullen, Bären, Experten, Idioten, Insider, Broker, Akademiker, Manager von Pensionsfonds, Arbeitnehmer, Day-Trader, die sich um das Unternehmen selbst keinen Deut scheren, und ja, manchmal auch Warren Buffett persönlich.

Die Milliarden von Euro, die diese Marktteilnehmer täglich bewegen, ergeben die Preise der Unternehmen und Indizes. Der aktuelle Wert der Unternehmen wird also sowohl von den Teilnehmern bestimmt, die im Glauben nach einem unglaublichen Deal gerade einige Aktien des Unternehmens ins Depot gelegt haben, als auch von den Leuten, die glauben, beim Verkauf einen super Deal gemacht zu haben – oder auch von denen, die einfach nur verkauft haben, weil sie das Geld brauchen, um ihrer Frau eine Freude zu machen oder ihren Kindern ein Studium zu ermöglichen.

Mit diesem Wissen im Hinterkopf tue ich mich schwer, zu glauben, dass du oder ich wirklich schlauer sein können als der Markt, dass irgendjemand konstant und genau sagen kann, wann ein Preis total von einer anderen Welt ist. Wenn wir das dennoch glauben, dann vielleicht, weil wir von einer anderen Welt sind.

Finde unter den vielen Experten, die täglich ihre Meinung zu Über- oder Unterbewertungen kundtun, einmal jemanden, der konstant richtigliegt. Achtung: Es könnte dich dein ganzes restliches Leben lang beschäftigen, diese eine Person zu finden.

Der Markt ist ein riesiges Gehirn, und wir sind darin nicht mehr als einzelne kleine Gehirnzellen. Akzeptiert man diese Analogie, dann wird deutlich, dass man in den allermeisten Fällen die Marktpreise akzeptieren und respektieren sollte (einzige Ausnahme sind hier wohl Penny-Stocks, die sehr einfach zu manipulieren sind).

Wie man dennoch den Markt schlagen kann

Der Weg, als Investor den Markt zu schlagen, also die vielen anderen, die ihr Glück hier versuchen, zu übertreffen, besteht also vielleicht nicht darin, nach all den Anzeichen zu suchen, die ein Unternehmen als über- oder unterbewertet kennzeichnen. Das detailversessene Studium des KGV, KBV, KCF und anderer wichtig klingender Kennzahlen ist möglicherweise der falsche Weg.

Der Weg zu marktschlagenden Renditen besteht möglicherweise viel mehr darin, nach Unternehmen zu suchen, die die Welt, wie wir sie heute kennen, auf den Kopf stellen und im nächsten Jahrzehnt oder in den nächsten zwei Jahrzehnten gewinnen können. Indem du in derartige Unternehmen investierst, schließt du dich einer Expedition an, die von den besten und weitblickendsten Gründern und Unternehmenslenkern geführt wird.

Natürlich weißt du dabei oft nicht, wohin die Reise führt. Manchmal weißt du auch nicht genau, wo denn nun das Ziel liegt, geschweige denn, welche Herausforderungen auf dem Weg auf dich warten. Was ist, wenn das Boot untergeht? Was ist, wenn es am verheißungsvollen Zielort gar nicht so viel Gold gibt wie erwartet? Bei solchen Unternehmen (wahren *Rule Breakers*) kann man sich nämlich auch nicht so sicher sein, dass die Bewertung des Marktes stimmt.

Auch Christoph Kolumbus blitzte bei vielen Königshäusern mit seiner Bitte um Geld für seine Expedition ab. Viel zu teuer angesichts der vielen Risiken, des langen Weges und der womöglich kleinen Chancen, die damit verbunden sind. Das war die Antwort des portugiesischen und zunächst auch des spanischen Königshauses. Oder, im heutigen Börsenjargon: schrecklich überbewertet!

Irgendwann wagte es das spanische Königshaus aber tatsächlich. Es ging auf die Forderungen von Kolumbus ein und schickte ihn auf seine Expedition. Im Nachhinein betrachtet war es von den Portugiesen unverantwortlich, Kolumbus' Vorhaben nicht zu finanzieren. Aber: Im Nachhinein sehen die Dinge oft sehr einfach aus.

Übertragen wir diese Geschichte in die Realität heutiger Investoren, dann sehen wir oft genau das gleiche Verhaltensmuster. Da hat jemand ein wahnsinniges Unternehmen entdeckt, einen Pionier und Platzhirsch mit dem gewissen Etwas, der in einer wachsenden und wichtigen Industrie tätig ist. Dieses Unternehmen weist ein Geschäftsmodell auf, das erste Anzeichen von nachhaltigen

Wettbewerbsvorteilen zeigt und für Konsumenten höchst attraktiv ist, was auf großartige Kapitalrenditen in der Zukunft hoffen lässt.

Aber, der Aktienkurs dieses Unternehmens eilt von einem Hoch zum anderen. Das Kurs-Gewinn-Verhältnis steht schon im dreistelligen Bereich, und nun findet der besagte Anleger auch noch einen gut geschriebenen Artikel von einem Finanzprofi, der den Aktienkurs derzeit als irrsinnig hoch bezeichnet. Außerdem hat der Betreffende schon oft die Erfahrung gemacht, dass der Aktienkurs genau dann nach unten rauscht, wenn er die Aktie gerade eben erst gekauft hat.

Soll der Investor also wirklich kaufen? Ja, das Unternehmen ist unglaublich. Aber der Aktienkurs ist wirklich schon sehr stark gestiegen. Engelchen und Teufelchen streiten sich auf der linken und rechten Schulter um die richtige Entscheidung.

Diese oder ähnliche Gedanken schwirren durch unsere Köpfe und halten uns oftmals davon ab, genau die Aktien zu kaufen, die zum jeweiligen Zeitpunkt als absurd überbewertet gelten, im Nachhinein aber bei allen Beteiligten die Frage aufwerfen, wie man diese Gelegenheit nur verpassen konnte.

Daher ist ein weiteres Kriterium beim *Rule Breakers* Ansatz:

Ein Rule Breaker sollte mindestens einmal in den letzten Monaten von einem renommierten Fachmann der Wirtschaftspresse als überbewertet abgestempelt worden sein.

Warum dieser Ansatz funktioniert

Du solltest also nicht unbedingt bei dem Wort »unterbewertet« hellhörig werden, sondern bei »überbewertet«.

Zumindest solltest du darauf hoffen, dass möglichst viele so denken. Denn, wenn jeder schon Aktien des *Rule Breakers* gekauft hätte, wer würde dann in den kommenden Jahren dafür sorgen, dass der Kurs weiter steigt? Wer soll dafür sorgen, dass der Kurs sich in den nächsten Jahren verdoppelt oder verdreifacht? Wenn du also einen Platzhirsch oder Pionier in einer wachsenden und aufstrebenden Industrie gefunden hast, der einen nachhaltigen Wettbewerbsvorteil hat und von visionären Managern geführt wird, der zudem eine starke Marke hat und von einigen als überbewertet abgestempelt wird, dann sind die Chancen auf der Seite des Unternehmens und der Investoren gut.

Das Gute an den pessimistischen Berichten über Überbewertungen ist nämlich, dass sie genügend Leute von den Aktien des Unternehmens fernhalten.

Und daher funktioniert dieser Ansatz auch oft. Wenn das Unternehmen mit der Zeit immer weiter wächst und stärker wird, fangen die Skeptiker nach und nach an, an das Unternehmen zu glauben und ebenfalls die Stärken zu sehen. Und mit dieser Wandlung kommt auch das Geld der vielen Skeptiker, die ihr Geld bisher ferngehalten haben. Es fließt nach und nach in Aktien des Unternehmens. Genau das führt zu unglaublichen Renditen für diejenigen, die bereits sehr früh eingestiegen sind.

Und nun bist wieder du an der Reihe.

Deine Aufgaben zu Lektion 6

- **Grundschule:** Nimm dir drei *Rule Breakers*, die die vorherigen Kriterien erfüllt haben. Gib ihren Namen in Google ein und ergänze den Zusatz »überbewertet«. Findest du etwas? Versuch es einmal mit »extrem überbewertet«. Findest du noch immer etwas?

- **Mittlere Reife:** Denke an das Unternehmen, welches du selbst als total überbewertet erachtest, und prüfe, ob es die anderen Kriterien eines *Rule Breakers* erfüllt.

- **Abitur:** Geh auf die Website eines Wirtschaftsjournals deiner Wahl, suche nach Artikeln über überbewertete Unternehmen und prüfe, ob es sich dabei nicht in Wirklichkeit um *Rule Breakers* handelt.

LEKTION 7

Schätze die mögliche Kursentwicklung ab

Investiere wie ein Risikokapitalgeber

Weil das Investieren in junge, aufstrebende *Rule Breakers* auch bedeutet, höhere Risiken einzugehen, erwarten wir auch hohe Renditen. Wir haben bereits einen langen Weg hinter uns gebracht und die sechs Kriterien eines *Rule Breakers* verinnerlicht.

In dieser Lektion geht es nun nicht mehr um ein notwendiges Kriterium, sondern darum, die möglichen Renditen abzuschätzen, die wir als Investoren mit unseren *Rule Breakers* Unternehmen erreichen können.

Der *Rule Breakers* Investmentansatz hat viele Gemeinsamkeiten mit dem Vorgehen von Risikokapitalgebern. Risikokapitalgeber schauen sich die Möglichkeiten von meist kleinen Unternehmen an und suchen nach Managern, die diese Möglichkeiten ausschöpfen und ausweiten können. Dabei fragen sie sich:»Wie viel könnte dieses noch kleine Unternehmen in fünf Jahren wert sein?« Dabei haben sie auch sehr oft eine konkrete Rendite im Kopf, die eine Investition mindestens bringen sollte. Ziemlich oft sagen sie:»Ich brauche einen Verzehnfacher.«

Das bedeutet, Risikokapitalgeber erwarten bei ihren Investitionen, dass zumindest die Chance besteht, in fünf Jahren den zehnfachen Betrag dessen zurückzubekommen, was sie ursprünglich investiert haben.

Wir würden nicht so weit gehen, diese Zahl als absolute und unumstößliche Hürde festzusetzen. Dennoch erwarten wir ebenfalls hohe Renditepotenziale. Denn als *Rule Breakers* Investoren gehen wir ähnliche Risiken ein wie Risikokapitalgeber. Wir investieren in junge Unternehmen mit noch nicht ausgereiften Geschäftsmodellen und oft auch mit noch geringen Umsätzen und geringen Gewinnen, manchmal sogar in Unternehmen, die noch keine Gewinne erwirtschaften. Das heißt aber nicht, dass diese Unternehmen schwach wären; immerhin erfüllen sie unseren sechs Punkte umfassenden Kriterienkatalog. Die Frage, ob es sich bei diesen großartigen Unternehmen auch um großartige Investitionsmöglichkeiten handelt, können wir aber nur beantworten, wenn wir versuchen, die möglichen Renditen abzuschätzen.

Wie bereits erwähnt, gehen auch wir hohe Risiken ein und haben daher entsprechend größere Renditeerwartungen. Nicht zuletzt deswegen, weil einige der jungen *Rule Breakers* auf ihrem Weg zu wahrer Größer womöglich scheitern werden. Wenn wir nämlich bei einigen Investitionen Renditen von 1.000 % und mehr erhalten, machen diese die Verlierer mit einem maximalen Verlust von 100 % mehr als wett.

Wie sich potenzielle Renditen ermitteln lassen

Unternehmen sind so viel wert, wie ihre künftigen freien Cashflows, die ihre Geschäfte einbringen. So steht es zumindest im Lehrbuch. Das wollen wir auch gar nicht anzweifeln.

Bei jungen *Rule Breakers* Unternehmen ist ein derartiger Ansatz aber meist unsinnig. Denn wie auch bei der Bewertung der künftigen Wettbewerbsvorteile oder der Markenbekanntheit ergibt sich der Wert von *Rule Breakers* nicht aus dem heute erwarteten freien Cashflow, den man in die Zukunft fortschreiben kann, sondern aus dem künftig möglicherweise viel höheren freien Cashflow.

Es fällt schon sehr schwer, vorherzusehen, wie viel Umsatz ein *Rule Breaker* in einigen Jahren machen kann. Als Amazon das erste Mal von David Gardner empfohlen wurde, erwartete das Management für das Jahr 2000 einen Umsatz von 1 Milliarde USD. Tatsächlich betrug der Umsatz im Jahr 2000 ganze 2,75 Milliarden USD. Die Prognose lag also ziemlich daneben.

Das Gute ist aber, dass es nicht unbedingt wichtig ist, exakt richtig zu liegen bei der Beurteilung der Zukunft. Viel wichtiger ist es, dass die Annahmen, die zu den erwarteten Renditen führen, in einem erreichbaren und realistischen Rahmen liegen und nicht unrealistisch hoch sind. Wenn ein Unternehmen seine Umsätze, seine Gewinne und seine Marktkapitalisierung in irrsinnige Größenordnungen hinein steigern müsste, um Renditen von 1.000 oder mehr Prozent zu erreichen, dann wäre auch der beste *Rule Breaker* keine hervorragende Investitionsmöglichkeit.

Ein aktuelles Beispiel: Trivago

Nehmen wir als Beispiel einmal Trivago. Ein Online-Reiseportal mit einer großen und doch sehr einfachen Mission:

• • • • • • • • • •

»Die erste Wahl für Reisende auf der ganzen Welt zu sein, deren Ziel es ist, das beste Hotel zum besten Preis zu finden.«

• • • • • • • • • •

Diese großartige Mission sollte uns aber nicht davon abhalten, die Zahlen des Online-Reisevermittlers näher zu betrachten. Natürlich lässt sich das auf unterschiedlichste Art bewerkstelligen. Eine Möglichkeit besteht darin, die folgenden Schritte zu unternehmen:

1. Blick auf die aktuellen Zahlen
2. Herleitung der möglichen Zahlen in Zukunft
3. Überlegung, welche Rendite eine solche Zukunft bringen würde

Aber bevor wir uns in der grauen Theorie verlieren, kommen wir zurück zu Trivago.

1. Blick auf die aktuellen Zahlen

Heute steigert Trivago zwar seine Umsätze von Jahr zu Jahr in Größenordnungen von 40 %, 50 % und manchmal auch noch mehr, die Gewinne bleiben aber aus, hauptsächlich aufgrund sehr hoher Marketingausgaben. Das Unternehmen wurde zum Ende des Jahres 2017 gleichwohl mit einer Marktkapitalisierung von rund 2,2 Milliarden USD bewertet. Die »Überbewertungs-Stimmen« sind daher auch sehr laut und deutlich zu vernehmen.

Heute sieht das operative Ergebnis von Trivago stark zusammengefasst so aus, wie in Tabelle 3 dargestellt:

In Mio. Euro	2014	Δ	2015	Δ	2016	Δ	2017	Δ
Umsatz	309,33	-	493,08	59%	754,17	53%	1.035,38	37%
Umsatzkosten	1,443		2,946		4,273		5,93	
in % vom Umsatz	*0,5%*		*0,6%*		*0,6%*		*0,6%*	
Vertrieb und Marketing	286,234		461,219		674,729		946,925	
in % vom Umsatz	*92,5%*		*93,5%*		*89,5%*		*91,5%*	
Technologie und Inhalte	15,388		28,693		51,658		52,232	
in % vom Umsatz	*5,0%*		*5,8%*		*6,8%*		*5,0%*	
Verwaltung	6,536		18,065		54,097		47,444	
in % vom Umsatz	*2,1%*		*3,7%*		*7,2%*		*4,6%*	
Abschreibung auf immaterielle Vermögenswerte	30,025		30,03		13,857		3,22	
in % vom Umsatz	*9,7%*		*6,1%*		*1,8%*		*0,3%*	
Operatives Ergebnis	- 30,29	-	- 47,87	-	- 44,45	-	- 20,37	
operative Gewinnmarge	*- 9,8%*		*- 9,7%*		*- 5,9%*		*- 2,0%*	

Tabelle 3: Trivago aktuell – Umsatz, Kosten und operatives Ergebnis

2. Herleitung der möglichen Zahlen in Zukunft

Auch wenn Trivago in den ersten Jahren mit seinen Wachstumsraten Größenordnungen von 40 %, 50 % und mehr erreichen konnte, so würde ich das nicht für die nächsten fünf Jahre fortschreiben. Nehmen wir also ein Umsatzwachstum in der Größenordnung des Marktwachstums von 12 % pro Jahr an. Der Umsatz von Trivago wäre dann im Jahr 2023 in Regionen von 2,0 Milliarden Euro.

Die enormen Ausgaben für Vertrieb und Marketing, die beinahe 90 % der Umsätze verschlingen, lassen Trivago derzeit noch Jahr für Jahr einen Verlust schreiben. Aber unsere Frage ist nun: Was könnte in fünf Jahren der Fall sein?

Beim Umsatz haben wir schon eine Annahme getroffen. Glauben wir daran, dass Trivago im Jahr 2022 immer noch 90 % seines Umsatzes für Marketing ausgeben muss? Falls ja, dann wird Trivago auch im Jahr 2022 noch kein Geld verdienen – und wir haben mit unserer Investition in Trivago bis dahin sicherlich auch nichts gewonnen, abgesehen von einigen schmerzhaften Erfahrungen. Nehmen wir dagegen an, dass Trivago im Jahr 2023 nur 50 % der Umsätze fürs Marketing ausgeben muss und sich die sonstigen Ausgaben, gemessen am Umsatz, etwas erhöhen. Dann würde das Ganze im Jahr 2022 aussehen wie in Tabelle 4 dargestellt.

In Mio. Euro	2014	Δ	2015	Δ	2016	Δ	2017	Δ	...	2023 e
Umsatz	309,33	-	493,08	59%	754,17	53%	1.035,38	37%	...	2.043,66
Umsatzkosten	1,443		2,946		4,273		5,93			20,44
in % vom Umsatz	0,5%		0,6%		0,6%		0,6%		...	1,0%
Vertrieb und Marketing	286,234		461,219		674,729		946,925			1.021,83
in % vom Umsatz	92,5%		93,5%		89,5%		91,5%		...	50,0%
Technologie und Inhalte	15,388		28,693		51,658		52,232			143,06
in % vom Umsatz	5,0%		5,8%		6,8%		5,0%		...	7,0%
Verwaltung	6,536		18,065		54,097		47,444			204,37
in % vom Umsatz	2,1%		3,7%		7,2%		4,6%		...	10%
Abschreibung auf immaterielle Vermögenswerte	30,025		30,03		13,857		3,22		...	-
in % vom Umsatz	9,7%		6,1%		1,8%		0,3%			0,0%
Operatives Ergebnis	- 30,29	-	- 47,87	-	- 44,45	-	- 20,37		...	653,97
operative Gewinnmarge	- 9,8%		- 9,7%		- 5,9%		- 2,0%			32,0%

Tabelle 4: Trivago im Jahr 2022 – Umsatz, Kosten und operatives Ergebnis

Bei derartigen Annahmen sieht das operative Ergebnis im Jahr 2023 schon deutlich freundlicher aus. Aber ist eine operative Gewinnmarge von 32 % überhaupt realistisch? Das wird uns nur die Zukunft zeigen. Doch haben Unternehmen wie beispielsweise Facebook gar operative Gewinnmargen von über 40 % oder bis zu 50 %.

Aber was würde uns das für eine Rendite versprechen?

3. Die Rendite, die eine solche Zukunft bringen würde

Heute wird Trivago mit einem Kurs-Umsatz-Verhältnis von 2,6 bewertet. Bei einem gleichbleibenden Kurs-Umsatz-Verhältnis von 2,6 in fünf Jahren müsste das Unternehmen also einen Umsatz von 8,5 Mrd. Euro erwirtschaften, um eine Verzehnfachung hinzulegen. Die oben angeführten Zahlen zeigen schon, dass das womöglich nicht unbedingt realistisch ist. Gänzlich unrealistisch ist es aber auch nicht, sofern Trivago die bisherigen Wachstumsraten aufrechterhalten kann.

Bleiben wir aber bei unserem realistischeren Zahlenbeispiel mit einem Umsatzwachstum von 12 % pro Jahr und einer operativen Gewinnmarge von 32 %. Was müsste nun geschehen, dass sich bei einer derartigen Entwicklung des Unternehmens eine Verzehnfachung des Kurses einstellt? Naja, der Markt, dieses riesige Gehirn, müsste bereit sein, das 33-fache des operativen Ergebnisses für die Trivago-Aktien zu zahlen. Völlig undenkbar? Das wohl nicht, aber dieses Kursziel erscheint doch sehr ambitioniert. Aber selbst, wenn der Markt nur das 15-Fache des operativen Ergebnisses bezahlen möchte, läge die Marktkapitalisierung bei 9,8 Milliarden Euro, und heutige Investoren könnten sich über eine Vervierfachung des investierten Kapitals freuen.

Die Grenzen der Rechnerei

Wichtig zu verstehen ist, dass der oben beschriebene Weg nur einer von vielen Wegen ist, das Kurspotenzial einer Aktie abzuschätzen. Den *einen* Königsweg gibt es hierbei nicht, und jeder findet hier seinen ganz persönlichen Ansatz. Und wenn ich ehrlich bin: Wenn ich Geld darauf setzen müsste, ob dieses Rechenbeispiel Realität wird oder nicht, dann würde ich eher auf Nein setzen als auf Ja.

Die Zahlen werden sicher anders aussehen. Anzunehmen, dass wir richtig liegen, wenn wir die Zukunft eines Unternehmens für die kommenden fünf Jahre vorhersagen wollen, wäre mehr als anmaßend. Aber wichtig ist auch zu verstehen, dass die Zahlen nicht zwingend schlechter aussehen müssen. Sie können sich auch weitaus besser entwickeln als heute angenommen. Das Rechenbeispiel zeigt für Trviago aber, dass eine Verzehnfachung wahrscheinlich schwierig wird, eine Vervielfachung des Aktienkurses aber bei weitem nicht unmöglich oder gänzlich unrealistisch erscheint. Ob sich die hier aufgezeigten Renditeaussichten als Ausgleich dafür lohnen, das dafür notwendige Risiko einzugehen, das muss nun jeder für sich selbst entscheiden.

Nehmen wir das Beispiel Amazon, das von David Gardner im Jahr 1997 empfohlen wurde. In der Empfehlung erwartete David einen Anstieg des Umsatzes auf eine Milliarde USD bis zum Jahr 2000. Bei einem gleichbleibenden Kurs-Umsatz-Verhältnis hätte dies eine Verdopplung des Aktienkurses bedeutet. In Wahrheit kam es aber ganz anders: Das Umsatzwachstum war deutlich stärker und der Enthusiasmus des Marktes war bedeutend größer – was dann zu einer weitaus höheren Bewertung führte.

Warum sich die Rechnerei trotz Unsicherheiten lohnt

Fragst du dich nun: Wenn wir nicht sicher sein können, was die Zukunft bringt, warum sollten wir uns dennoch die ganze Arbeit mit der Rechnerei antun?

Die Rechnerei ist einfach notwendig, um eine Vorstellung davon zu bekommen, was passieren muss, um unsere Renditeerwartungen zu erfüllen, und ob sie eine realistische Zukunftsprognose sein könnten. Wenn wir Geld investieren und Risiken eingehen, dann wollen wir auch sehen, dass unsere Renditeerwartung erfüllt werden kann. Aber Achtung: All diese Rechnerei gibt uns zwar eine Vorstellung, sie nimmt aber nichts von der Unsicherheit, die mit Investitionen in *Rule Breakers* einhergeht. Erwarte also auf keinen Fall, dass die Rechenbeispiele Realität werden. Die Zukunft könnte deutlich düsterer aussehen.

Das Gute an der Unsicherheit? Die Zukunft könnte stattdessen auch viel besser aussehen, als wir sie uns heute vorstellen, wie das Amazon-Beispiel zeigt. Natürlich kann die Zukunft auch schlechter aussehen. Daher empfiehlt es sich, konservative Annahmen zu treffen und sich lieber positiv überraschen zu lassen.

Und nun bist du an der Reihe. Hol deine Glaskugel unter dem Bett hervor und schau in die Zukunft der Unternehmen, die auf deiner Watchlist stehen.

Deine Aufgaben zu Lektion 7

- **Grundschule:** Was für eine jährliche Rendite bedeutet eine Verzehnfachung in fünf Jahren? Was eine Verdopplung, eine Verdrei-, Vervier-, Verfünfachung etc.? Kleiner Tipp: suche nach der CAGR-Formel (Compounded Annual Growth Rate).

- **Mittlere Reife:** Stelle für drei *Rule Breakers* deiner Wahl ein Modell mit dem Kurs-Umsatz-Verhältnis auf. Stütze deine Annahmen dabei auf möglichst viele Quellen.

- **Abitur:** Erweitere die Modelle nun um das Vielfache des operativen Ergebnisses.

LEKTION 8

Renditegefahr Aktienverkauf

Aktien für immer zu halten, ist ein Wunsch, leider keine sinnvolle Investitionsstrategie

Bald ist es leider soweit: Unsere Reise durch den *Rule Breakers* Investmentansatz geht zu Ende. Nachdem wir nun wissen, welche Aktien wir kaufen sollten, beschäftigt sich die letzte Lektion mit einem eher traurigen Sachverhalt:

Wann soll ich denn welche Aktien verkaufen?

Wenn du zu müde bist, um weiterzulesen, dann reicht fürs erste diese kurze und einfache Antwort: Wenn du für das Geld eine andere und vor allem bessere Verwendung hast! In der Realität lautet die Antwort, die man am häufigsten hört, aber eher:

• • • • • • • • • •

»Irgendwann muss man verkaufen,
ansonsten sitzt man nur auf Buchgewinnen,
die nichts wert sind.«

• • • • • • • • • •

Unserer Erfahrung nach führt eine solche Betrachtung aber dazu, dass allzu oft viel zu früh und vor allem viel zu häufig verkauft wird. Außerdem werden auf diese Weise die Gewinner verkauft und nicht die Verlierer. Bei Verlierern wird oft gehofft und gewartet, bis zumindest wieder der Kaufkurs erreicht ist, um ohne Verluste aus der betreffenden Nummer herauszukommen. In unseren Augen ist das nicht besonders clever.

Peter Lynch würde sagen: Du hegst und pflegst das Unkraut in deinem Garten und reißt die blühenden und duftenden Blüten aus deinem Blumenbeet heraus. Beim Investieren können wir ein solches Vorgehen leider viel zu oft beobachten.

Ganz ehrlich: Der Markt weiß nicht, bei welchem Kurs deine Verluste wieder ausgeglichen werden. Viele Investoren warten viel zu lange darauf, bis Verlierer wieder den Einstiegszeitpunkt erreichen. Auf diese Weise verpassen sie vielversprechendere Anlagemöglichkeiten, die auf höhere Renditen hoffen lassen.

Wann und warum du Aktien verkaufen solltest

Wenn man das Thema etwas genauer betrachtet und nicht bei der pauschalen Aussage bleibt, nicht die Gewinner, sondern die Verlierer zu verkaufen, stellen sich noch andere Fragen. Die erste lautet natürlich: Warum verkaufen? Einfache Antwort: Du solltest eine Aktie verkaufen, wenn du für das Geld eine bessere Verwendungsmöglichkeit hast.

Ob diese bessere Verwendungsmöglichkeit nun die Anzahlung für deinen Alterswohnsitz ist oder ob du das Geld in eine Aktie mit höheren Renditeaussichten (auch ein Index zählt hierzu) steckst, ist dabei egal. Beides sind gleichwertige und gute Investments. Wenn du in einer solchen Situation bist, dann solltest du verkaufen. Aber wirklich nur dann.

Du solltest aber deine Aktie nicht verkaufen, nur weil dir dein Wertpapierhändler gesagt hat: »Du sollst verkaufen!« (Achtung: Damit verdient er nämlich sein Geld). Auch sollte Dir gleichgültig sein, ob seine Firma die Aktie gerade von »Kaufen« auf »Halten« oder gar auf »Verkaufen« gesetzt hat.

Ein schlechter Verkaufsgrund ist auch: »Von Buchgewinnen kann ich mir nichts kaufen.« Oder: »Keiner lag je falsch damit, einen schönen Gewinn realisiert zu haben.«

Es gibt sicherlich einige Leute, die sich heute noch die Haare raufen, weil sie Microsoft im Jahr 1987 verkauft haben, um einen schönen Gewinn mitzunehmen. Oder Amazon im Jahr 2010 oder, oder, oder. Auch das Erreichen eines bestimmten Kursgewinns oder die Einstufung als »überbewertet« in Medienberichten sind keine guten Verkaufsgründe – außer eben: Du findest eine bessere Investitionsmöglichkeit.

Mein Ratschlag: Versuche nicht, den Markt durch den richtigen Ausstiegszeitpunkt zu überlisten. Fange nicht an, kurzfristige Überzeugungen zu entwickeln und danach zu handeln. Kurzfristig ist das Auf und Ab der Börsenkurse ziemlich beliebig. Ja, vielleicht schaffst du es einmal, bei diesem Ratespiel richtig zu liegen und die Aktien eines Unternehmens genau dann zu verkauen, wenn die Aktie auf ihrem Höchstkurs steht. Denn dass dieses Hoch ein Hoch war, das stellt sich stets erst später heraus.

Du solltest aber nach einem solchen Treffer nicht denken, dass du einen magischen siebten Sinn für so etwas besitzt. Denn wahrscheinlich wirst mit diesem Selbstvertrauen deinem Portfolio mit den nächsten fünf Verkäufen erheblichen Schaden zufügen. Dann merkst du plötzlich: Das mit dem siebten Sinn war wohl doch nichts. Einen solchen siebten Sinn hat – wenn es um kurzfristige Kursvorhersagen geht – kein Mensch.

Und auch wenn deine gottgegebenen sechs Sinne übermäßig gut sind und du den Hochpunkt häufiger triffst als verfehlst, solltest du dennoch nicht nach deiner Intuition handeln. Denn jedes Mal, wenn du einen Gewinn mitnimmst, zahlst du darauf Steuern, was die Vorteile des Zinseszinseffektes deutlich schmälert.

Nun weißt du also, wann du verkaufen solltest: nämlich wenn du das Geld für eine profitablere oder wünschenswertere Alternative einsetzen möchtest. Du weißt tatsächlich also bereits, warum und wann du verkaufen solltest: nämlich dann, wenn diese bessere Möglichkeit am Horizont erscheint. Nun zum schwereren Punkt: Was soll ich denn dann verkaufen?

Welche Aktie du verkaufen solltest

Wenn du etwas Besseres, Lukrativeres oder einfach etwas anderes gefunden hast, was du mit deinem Geld anstellen möchtest, dann stellt sich die Frage: Welche deiner Aktien sollst du verkaufen?

Stell dir dazu einmal vor, dass du zwei Aktien hast. Eine Aktie hat sich in ihrem Wert verdoppelt, die andere hat sich leider halbiert. Welche ist nun der bessere Verkauf?

Die Antwort: Diejenige, die in den nächsten drei bis fünf Jahren weniger Kurspotenzial hat. Richtig, die Entscheidung für einen Verkauf hat rein gar nichts mit der Kursentwicklung in der Vergangenheit zu tun. Die einzig entscheidende Frage lautet: Wie könnte die künftige Kursentwicklung aussehen? Die Kurshalbierung und die Kursverdopplung, all das ist Schnee von gestern und für deine Entscheidung heute nicht relevant.

Um die richtige Entscheidung zu treffen, helfen dir einige Fragen. Welches der beiden Unternehmen hat deine Erwartungen beim Kauf nicht erfüllt? (Achtung: Ich spreche hier nicht von deinen Erwartungen an den Aktienkurs, sondern von deinen Erwartungen an das Unternehmen). Welches Unternehmen hat deine Investitionsthese nicht erfüllt? Welches der Unternehmen konnte es mit seinen Wettbewerbern nicht aufnehmen? Die Antwort auf diese Fragen werden dich meist zu dem Unternehmen führen, dessen Kurs sich halbiert hat. Aber das wird nicht immer der Fall sein. Es lohnt sich also, diese Fragen zu stellen. Zu welchem Unternehmen dich diese Fragen auch führen: Die Aktien des betreffenden Unternehmens solltest du in deiner Verkaufsentscheidung am ehesten berücksichtigen. Meist führt das dann dazu, dass du eben nicht die Blumen aus deinem Portfolio herausreißt, sondern das Unkraut.

Natürlich kannst du dir diese Fragen nur stellen, wenn du dir bereits beim Kauf der Aktien aufgeschrieben hast, warum du in das betreffende Unternehmen investieren wolltest. Noch besser ist es, wenn du auch direkt beim Kauf der Aktien notierst, was passieren müsste, damit du dir einen Verkauf der Aktien ernsthaft überlegst. Wichtig ist natürlich, dass du diese Punkte nicht nur in Gedanken durchspielst, sondern diese Gedanken auch wirklich schriftlich festhältst. Natürlich kannst du deine Notizen laufend ergänzen, verändern und ansehen. Diese Notizen machen zwar etwas Arbeit, verbessern aber nicht nur den Investitionsprozess, sondern auch deine Verkaufsentscheidungen.

Sollte ich bei Verkaufsentscheidungen nicht auch steuerliche Belange beachten? Vielleicht. Du solltest deine Entscheidung aber nicht ausschließlich aus steuerlichen

Gründen treffen. Die Entscheidung, welche Aktien du verkaufen solltest, ergibt sich einzig und allein aus der Frage: Welche meiner Aktien hat in den kommenden Jahren am wenigsten Potenzial?

Und was, wenn das Unternehmen keine Regeln mehr bricht?

Die bisherigen acht Lektionen führen uns bei unseren Kaufentscheidungen zu Unternehmen, die Revolutionen beginnen, bestehende Regeln brechen und die Welt, wie wir sie kennen, verändern. Wie in der Weltpolitik, so müssen auch in der Wirtschaft die Revolutionäre nach einer erfolgreichen Revolution die Regierungsverantwortung übernehmen. Einstige *Rule Breakers* Unternehmen brechen dann nicht mehr bestehende Regeln, sondern machen die Regeln. Das wird vor allem dann wichtig, wenn neue Wettbewerber auf den Markt kommen, die einen einstigen *Rule Breaker* kopieren.

Ist das ein Grund, zu verkaufen? Nicht immer. Die Frage lautet: Kann der einstige *Rule Breaker* seine Imitatoren übertrumpfen und sich über Jahre hinweg an die Spitze der jeweiligen Industrie setzen?

Du solltest erstmal nie einen *Rule Breaker* verkaufen, solange er immer noch die Regeln bricht. Wir träumen aber insgeheim schon davon, dass einstige *Rule Breakers* zu *Rule Makers* aufsteigen. Zu Unternehmen, die ihre Industrie dominieren und aufkommende Wettbewerber im Zaum halten.

Die kritische Phase dieser Entwicklung vom *Breaker* zum *Maker* ist die Phase dazwischen. Unternehmen, die in dieser schwierigen Phase stecken, nennen wir daher auch »Tweener«. Aber wann ist diese Phase erreicht? Aus unserer Sicht dann, wenn ein oder mehr Wettbewerber die Leistungen oder Produkte des *Rule Breakers* in einem Umfang kopiert haben, dass der durchschnittliche Konsument sich mit den Kopien zufriedengibt. Wenn die Angebote des *Rule Breakers* also keinen eindeutigen Mehrwert für den durchschnittlichen Konsumenten bieten. Wenn ein Unternehmen diesen Punkt erreicht, dann gibt es zwei Möglichkeiten:

1. Der einstige *Rule Breaker* gewinnt den Wettbewerb und steigt zum *Rule Maker* auf. Beispiele? Microsoft, Apple, Amazon; die Liste ließe sich beliebig fortsetzen.

2. Der *Rule Breaker* wird kopiert, seine Angebote verkommen zur Massenware, und das Unternehmen wird mehr und mehr irrelevant.

Möglichkeit 1 ist eine gute Sache. Es spricht absolut nichts dafür, sich von Aktien solcher Unternehmen zu trennen. Nummer 2 ist natürlich keine gute Sache. Denn meist bietet der Aktienkurs bei einer solchen Entwicklung nicht mehr viel Potenzial. Genau diese Unternehmen sollte man am ehesten bei einem Verkauf berücksichtigen.

Das waren in aller Kürze die wesentlichen Überlegungen zum Verkauf. Also Informationen darüber, wann du über einen Verkauf nachdenken solltest und was du dann verkaufen solltest. Auch in der letzten Lektion gibt es nun wieder drei Möglichkeiten, die theoretischen Überlegungen in die Praxis umzusetzen.

Deine Aufgaben zu Lektion 8

- **Grundschule:** Wenn du zu den Unternehmen in deinem Portfolio noch keine Aufzeichnungen darüber hast, wieso du in deren Aktien investierst, hole das zunächst nach.

- **Mittlere Reife:** Prüfe, welche der Unternehmen in deinem Portfolio deine Investitionsthese am wenigsten erfüllt haben.

- **Abitur:** Welche der Unternehmen, die deine Investitionsthese nicht erfüllt haben, haben künftig wenig Chancen, den Markt zu schlagen?

BONUS-LEKTION

David Gardners
9 selbstverständliche
Foolishe Wahrheiten

Neun Dinge die du niemals vergessen solltest

Offiziell wären wir nun am Ende mit unseren acht Lektionen des *Rule Breakers* Investmentansatzes. Du bist nun bereit, diesen Investmentansatz in die Tat umzusetzen. Bevor du das aber tust, möchten wir dir jetzt noch neun selbstverständliche Wahrheiten auf deinen Weg mitgeben.

Wenn du nur neun Dinge aus diesem Buch mitnehmen solltest, dann sind es genau diese neun *Foolishen* Wahrheiten.

Nr. 1: Die besten Unternehmen orientieren sich an den Leitlinien des bewussten Kapitalismus.

Egal ob wir selbst ein Unternehmen führen oder nach hervorragenden Unternehmen für unser Investment-Portfolio Ausschau halten: Unternehmen sollten sich an die vier Leitlinien des bewussten Kapitalismus nach John Mackey (dem Gründer von Whole Foods) und Rajendra Sisodia halten:

1. Das Unternehmen hat einen Zweck und ein Ziel.
2. Die Ziele des Unternehmens richten sich nicht ausschließlich nach einem Stakeholder, sondern nach mehreren (beispielsweise Kunden, Mitarbeiter, Aktionäre, Gesellschaft ...).
3. Das Unternehmen pflegt eine offene Unternehmenskultur.
4. Die Führungskräfte des Unternehmens sollten sich als Dienstleister des Unternehmens verstehen.

Nr. 2: Die besten Unternehmen haben mehr als nur eine Option

Die Welt verändert sich in einem rasanten Tempo und kontinuierlich. Unternehmen, die nur eine Möglichkeit haben, erfolgreich zu sein, tragen daher ein sehr großes Risiko in sich.

Die besten Unternehmen sind in der Lage, sich mit den veränderten Umweltbedingungen zu entwickeln, eine neue

Ära zu begründen. Kurz: Sie haben mehrere Möglichkeiten für ihre Zukunft.

Das beste Beispiel hierfür ist derzeit wohl Alphabet (ehemals Google). Einst war Google eine reine Suchmaschine. Jetzt hat das in »Alphabet« umbenannte Unternehmen unglaublich viele Dinge am Laufen. Natürlich werden nicht alle erfolgreich sein, aber wenn es nur einige wenige schaffen, sichert das die Zukunft des Unternehmens.

Nr. 3: Der Aktienmarkt steigt durchschnittlich in zwei von drei Jahren

»Normale« Bärenmärkte dauern etwa zwölf bis 18 Monate. Zwei Jahre hintereinander mit Kursverlusten gibt es nicht häufig, drei Jahre sind noch seltener. Deshalb lautet die gute Nachricht: Der Markt steigt in zwei von drei Jahren. Die schlechte Nachricht: Jahre mit Verlusten gibt es immer wieder. Man muss damit rechnen und sie aushalten.

Wenn man aber einen Tipp abgeben muss, wie sich die Weltbörsen im nächsten Jahr entwickeln, dann hat die Antwort, »Sie steigen«, deutlich größere Erfolgsaussichten.

Nr. 4: Reise nicht mit einem Ruderboot, sondern nimm das Segelboot

Dieser Vergleich stammt im Original zwar nicht von David Gardner, sondern von Vanguard-Gründer Jack Bogle. Aber deshalb ist er nicht minder empfehlenswert.

Wie soll man die lange Reise des Investierens oder des Lebens bestreiten? Jack Bogle meint, besser im Kanu mit dem Blick nach vorne, anstatt mit dem Ruderboot und einem ständigen Blick zurück.

Viele Marktteilnehmer sitzen aber im Ruderboot und lassen ihren Blick in die Vergangenheit schweifen. Sie verpassen auf diese Weise aber die Entwicklungen und Chancen der Zukunft. Und doch lohnt es sich, sein Geld in genau diese Zeit anzulegen: in die Zukunft und in Verbesserungen, die die Zukunft bereithält.

Noch besser ist die Reise per Segelboot. Sie ist mit weniger Anstrengungen und Action (Kaufen? Verkaufen? Grübeln ...) verbunden als in einem Kanu. Die langfristigen Kurssteigerungen von 8 % bis 11 % pro Jahr sind der Wind im Segel dieses Bootes.

Nr. 5: Investieren, nicht traden

Oftmals verwenden wir die Phrase »langfristiges Investieren«. Wenn wir es aber genau nehmen, handelt es sich dabei um eine unnötige Dopplung. Denn, zu investieren heißt immer, langfristig zu handeln. Das Gegenteil davon ist das Traden. Und bei allem Respekt für die Leute, die sich damit beschäftigen und damit ihr Geld verdienen: Das ist nicht der *Rule Breakers* Ansatz.

Ein Investment handhabst du idealerweise auch nicht anders als die Unterstützung deines Heimatvereins. Mit diesem Verein gehst du ebenfalls durch Dick und Dünn, auch wenn es kurzfristig mal nicht so gut läuft. Zum Glück kannst du beim Investieren deine Unternehmen auswählen. Zu deiner Heimatmannschaft kommt man dagegen eher durch glückliche oder unglückliche Umstände.

Nr. 6: Sei *Foolish!*

Wir sind *Fools* und mögen keine konventionellen Weisheiten (zumindest dann nicht, wenn sie nicht funktionieren). Besonders kommt diese Einstellung im *Rule Breakers* Investmentansatz zum Tragen, wo häufig Unternehmen gewählt werden, die Dinge anders machen, ausgetretene Pfade verlassen und Branchen verändern.

Wie bei Brettspielen ist es auch beim Investieren lohnenswert, nicht das zu tun, was alle anderen auch tun, sondern das Gegenteil. Genauso sollten es auch *Rule Breakers* Unternehmen handhaben – Dinge anders tun als bisher und bestehende Regeln brechen.

Nr. 7: Vergiss nie die sechs Zeichen eines *Rule Breakers*

Wenn du dich fragst, ob ein Unternehmen das Zeug zum *Rule Breaker* hat, dann solltest du das anhand der sechs Kriterien eines *Rule Breakers* überprüfen:

- Ist das Unternehmen in einer wachsenden und wichtigen Industrie tätig (siehe Lektion 1)?

- Ist das Unternehmen der Platzhirsch und Pionier mit dem gewissen Etwas in dieser Industrie (siehe Lektion 2)?
- Hat das Unternehmen nachhaltige Wettbewerbsvorteile (siehe Lektion 3)?
- Wird das Unternehmen von visionären Managern geführt und von smarten Kapitalgebern unterstützt (siehe Lektion 4)?
- Sind die Leistungen und Produkte des Unternehmens attraktiv für den Konsumenten (siehe Lektion 5)?
- Gelten die Aktien des Unternehmens als überbewertet (siehe Lektion 6)?

Nr. 8: Mach dich darauf gefasst, Geld zu verlieren

Als *Rule Breaker* gehört es dazu, Geld zu verlieren, das muss man akzeptieren, denn ohne dieses Risiko besteht auch keine Chancen auf entsprechende Gewinne.

Seit Bestehen seines Informationsdienstes hat David Gardner 316 Aktien ausgewählt. Davon haben 51 Aktien mehr als 50 % an Kursverlusten eingebracht. David Gardner hasst das. Denn er weiß, dass Fools auf der ganzen Welt, die seinem Rat gefolgt sind, Geld verloren haben – und meist auch er selbst.

Die gute Nachricht ist, dass die Aktie auf Platz 51 seiner Top-Performance-Liste (Ellie Mae) in fünf Jahren 232 % gewonnen hat. Und nimmt man die besten vier Empfehlungen von David Gardner, dann gleicht jede einzelne dieser vier Empfehlungen alle 51 Verlierer auf einmal aus.

Erinnerst du dich ganz am Anfang dieses Buches an die asymmetrische Verteilung zwischen Verlusten und Gewinnen? Das ist das beste Beispiel dafür, dass dieser Ansatz funktioniert. Dennoch schmerzen Verluste mehr, als Gewinne uns Freude bereiten. Aber das Gute ist: Du kannst maximal 100 % verlieren (was David noch nie passiert ist), aber unbegrenzte Gewinne erzielen. Rational betrachtet ist es beim Investieren also genau anders herum: Gewinner sind mehr wert als Verlierer.

Nr. 9: Lerne was ein Spiffy-Pop ist

Ein Begriff, den David geprägt hat, ist ein Spiffy-Pop. Wenn eine Aktie an einem Tag mehr gewinnt, als man für die Aktie einst bezahlt hat, dann nennt er das Spiffy-Pop.

Du glaubst, das ist unmöglich? Ganz und gar nicht. Nimmt man alle Services von *Motley Fool* zusammen, dann haben allein im Jahr 2017 insgesamt 29 Empfehlungen einen Spiffy-Pop hingelegt.

Amazon schaffte gar einen 40-fachen Spiffy-Pop an einem Tag. Der Kursgewinn von 55,21 USD am 24.04.2015 brachte David Gardner, der Amazon bereits im September 1997 zum Kurs von 3,21 USD zum ersten Mal empfohlen hatte und seitdem nie eine Verkaufsempfehlung aussprach, eine Vervierzigfachung des Kaufpreises an einem einzigen Tag.

Und nun? Nun bist du bereit!

Begib dich selbst auf eine profitable Investmentreise

Nun hast du es geschafft. Du hast dich durch acht Lektionen und eine Bonus-Lektion gewühlt, viel gelernt und hoffentlich auch alle Herausforderungen auf dem Weg bis hierhin gemeistert. Es war anstrengend, keine Frage, aber es hat sich gelohnt.

Mit den acht Lektionen und den neun *Foolishen* Wahrheiten bist du nun bestens gewappnet, selbst die Aktien zu finden, die dir in den kommenden Jahren 1.000 % und mehr Rendite einbringen können.

Jetzt weißt du, welche Eigenschaften herausragende Unternehmen mitbringen und warum du dich nicht davor fürchten musst, in angeblich überbewertete Aktien zu investieren. Du hast eine Möglichkeit kennengelernt, wie man das Kurspotenzial der besten Unternehmen abschätzen kann, und du bist dir im Klaren darüber, wann und von welchen Aktien du dich schweren Herzens trennen solltest.

Du kannst deine privaten Finanzen in die eigenen Hände nehmen und musst dich nicht mehr auf windige Finanzberater und Bankangestellte verlassen. Du gehörst zu der Minderheit, die mit direkten Investitionen in die besten Unternehmen der Welt die persönlichen finanziellen Ziele erreichen kann.

Um es auf den Punkt zu bringen: Du bist nun ein besserer Investor. Und dabei hat dir das Lesen dieses Buches hoffentlich viel Spaß gemacht.

Für mich bleibt daher nicht mehr viel zu sagen. Ich will dir nur noch die besten Wünsche auf den Weg geben:

Erfolgreiches Investieren und *Fool on*!

Rich Dad Poor Dad

Robert Kiyosaki

Warum bleiben die Reichen reich und die Armen arm? Weil die Reichen ihren Kindern beibringen, wie sie mit Geld umgehen müssen, und die anderen nicht! Die meisten Angestellten verbringen im Laufe ihrer Ausbildung lieber Jahr um Jahr in Schule und Universität, wo sie nichts über Geld lernen, statt selbst erfolgreich zu werden.

Robert T. Kiyosaki hatte in seiner Jugend einen »Rich Dad« und einen »Poor Dad«. Nachdem er die Ratschläge des Ersteren beherzigt hatte, konnte er sich mit 47 Jahren zur Ruhe setzen. Er hatte gelernt, Geld für sich arbeiten zu lassen, statt andersherum. In Rich Dad Poor Dad teilt er sein Wissen und zeigt, wie jeder erfolgreich sein kann.

320 Seiten | Softcover | 14,99 € (D) | 15,50 € (A) | ISBN 978-3-89879-882-2

1 x Rente bitte! Die große Portion!

Sebastian Tonn

EINE STUNDE! Eine Stunde genügt, um dieses Buch durchzulesen UND zu verstehen. Nehmen Sie sich die Zeit! Danach haben Sie das nötige Grundwissen und ein einfaches Rezept an der Hand, mit dem Sie langfristig solide, renditestark und kostengünstig Geld anlegen und für später vorsorgen können.

In einer guten Stunde Lesezeit werde ich Ihnen zeigen,
- dass Sie in der Lage sind, Ihre Geldanlage beziehungsweise Altersvorsorge in die eigenen Hände zu nehmen,
- warum Sie den Finanzberater links liegen lassen können und
- wie Sie dies mit einem einfachen aktienbasierten Vorsorgemodell ohne Vorkenntnisse und teure Berater oder Vermittler schaffen.

»Sie machen alles selbst in Ihrem Leben. Nur wenn es um Ihre Altersvorsorge geht, geben Sie Ihr Glück in fremde Hände.«

96 Seiten | Softcover | 9,99 € (D) | 10,30 € (A) | ISBN 978-3-89879-972-0

Denke nach und werde reich

Napoleon Hill

Mit über 60 Millionen verkauften Exemplaren gehört Napoleon Hills
Denke nach und werde reich zu den erfolgreichsten Büchern aller
Zeiten. Mehr als 20 Jahre interviewte der blutjunge Napoleon Hill
mehr als 500 Millionäre, unter ihnen die mächtigsten und einfluss-
reichsten Persönlichkeiten seiner Zeit wie Thomas Edison, Alexander
Graham Bell, Henry Ford, John D. Rockefeller oder Theodore Roosevelt.
Die Essenz seiner Studie ist in dieses Buch eingeflossen. Herausge-
kommen ist eine ebenso zeitlose wie überzeugende Anleitung für
persönlichen Erfolg, in der Hill zeigt, wie man in nur 13 Schritten sein
Leben verändern kann.
Nun ist erstmals die vollständige und ungekürzte Ausgabe von 1937
auf Deutsch erhältlich - das womöglich wichtigste Finanzbuch, das
jemals geschrieben wurde. Es ist an der Zeit, sich nicht mehr zu fragen,
was Erfolg ausmacht – sondern es zu wissen.

320 Seiten | Softcover | 14,99 € (D) | 15,50 € (A) | ISBN 978-3-95972-084-7

Money

Tony Robbins

Mehr als 10 Jahre sind seit seiner letzten Veröffentlichung in Deutschland vergangen, jetzt meldet sich Anthony Robbins zurück. Als Personal Trainer beriet er Persönlichkeiten wie Bill Clinton und Serena Williams sowie ein weltweites Millionenpublikum, nun widmet er seine Aufmerksamkeit den Finanzen.

Basierend auf umfangreichen Recherchen und Interviews mit mehr als 50 Starinvestoren, wie Warren Buffett oder Star-Hedgefondsmanager Carl Icahn, hat Robbins die besten Strategien für die private finanzielle Absicherung entwickelt. Sein Werk bündelt die Expertise erfolgreicher Finanzmarktakteure

und seine Beratungserfahrung. Selbst komplexe Anlagestrategien werden verständlich erläutert, ohne an Präzision einzubüßen.

In 7 Schritten zur finanziellen Unabhängigkeit – praxisnah und für jeden umsetzbar.

320 Seiten | Hardcover | 24,99 € (D) | 25,70 € (A) | ISBN 978-3-89879-914-0

UNANGREIFBAR

Tony Robbins

Mit seinem #1 New York Times-Bestseller »Money: Die 7 einfachen Schritte zur finanziellen Freiheit« hat Tony Robbins Geschichte geschrieben. Mit »UNANGREIFBAR« kehrt er mit einer Schritt-für-Schritt-Anleitung zurück, die es jedem ermöglicht, endlich selbst finanzielle Freiheit zu erreichen. Egal welches Einkommen, Alter oder Lebenssituation, in »UNANGREIFBAR« gibt Tony Robbins dem Leser praktische Tools an die Hand, mit denen jeder seine finanziellen Ziele schneller erreichen kann.

Tony Robbins hat bereits mehr als 50 Millionen Menschen aus mehr als 50 verschiedenen Ländern erfolgreich gecoacht. Für »UNANGREIF-BAR« hat er sich mit Peter Mallouk zusammengetan, dem einzigen Finanzberater, der vom Magazin Barron's in drei aufeinanderfolgenden Jahren zur absoluten Nr. 1 gewählt wurde. Zusammen zeigen sie, wie man wirklich unangreifbar wird und selbst in einer Welt voller Unsicherheit, ökonomischer Schwankungen und unvorhersehbarer Veränderungen ruhig und gelassen bleibt.

256 Seiten | Hardcover | 19,99 € (D) | 20,60 € (A) | ISBN 978-3-95972-059-5

Tools der Titanen

Tim Ferriss

»Ich habe dieses Buch, mein ultimatives Notizbuch voller nützlicher Werkzeuge, für mich selbst kreiert. Es hat mein Leben verändert und ich hoffe, dir wird es genauso helfen.

Alles, was du auf diesen Seiten liest, habe ich in meinem Leben bereits auf die eine oder andere Weise angewandt. Ich habe Dutzende der dargestellten Taktiken bei kritischen Verhandlungen, in riskanter Umgebung oder bei großen Deals eingesetzt. Die Lektionen haben mir zu Millionen von Dollar verholfen und mich vor Jahren verschwendeter Bemühungen und Frustration bewahrt.«

TIM FERRISS

736 Seiten | Hardcover | 29,99 € (D) | 30,90 € (A) | ISBN 978-3-95972-046-5

Kryptowährungen

Julian Hosp

Unglaubliche 1000 Prozent Rendite und mehr – das haben zahlreiche Menschen in den vergangenen Jahren durch Investieren in sogenannte Kryptowährungen erwirtschaftet Für die meisten noch unbekanntes Terrain, erklärt dieses Buch die neue Welt des Geldes auf einfachste Art und Weise: Was sind Kryptowährungen und Blockchain überhaupt, wie wählt man die »richtige« Kryptowährung aus und wie funktioniert das Investieren? Egal, ob du ein Kryptoexperte werden möchtest oder nur die Grundlagen einer einmaligen Geschichte, die man nicht mehr ignorieren kann, verstehen möchtest, dieses Buch ist ein Muss.

»Meine Vision ist es, bis zum Jahr 2025 mindestens einer Milliarde Menschen geholfen zu haben, Blockchain und Kryptowährungen zu verstehen.«

Julian Hosp

208 Seiten | Softcover | 14,99 € (D) | 15,50 € (A) | ISBN 978-3-95972-137-0

Cool bleiben und Dividenden kassieren

Christian Röhl | Werner Heussinger

Deutschland ist im Immobilienfieber. Doch nicht jeder kann sich eine Immobilie leisten, noch dazu zeigt der Immobilienmarkt besonders in Deutschland die ersten Überhitzungserscheinungen. Der schlaue Anleger aber weiß: Dividenden-Aktien sind die neuen Immobilien! Und funktionieren fast genauso:

Anhand von zahlreichen Praxis-Beispielen aus ihrer über 20-jährigen Erfahrung als Investoren, Unternehmer und TV-Experten zeigen Christian W. Röhl und Werner H. Heussinger, warum Aktien sicherer sind als Festgeld, wie Anleger auch turbulente Börsenphasen entspannt überstehen und wie man Schritt für Schritt die besten Aktien auswählt. Also, ab auf die Couch, Dividenden kassieren und natürlich cool bleiben.

256 Seiten | Hardcover | 16,99 € (D) | 17,50 € (A) | ISBN 978-3-89879-957-7